Sarah Schädeli & Jasmin Stettler

„Bitcoin ist Persönlichkeitsentwicklung"

Wie 21 Kapitel dein Denken, Fühlen und Handeln verändern

Sarah Schädeli & Jasmin Stettler

„Bitcoin ist Persönlichkeitsentwicklung"

Wie 21 Kapitel dein Denken, Fühlen und Handeln verändern

Bibliografische Information der Deutschen Nationalbibliothek: Die Deutsche Nationalbibliothek verzeichnet diese Publikation in der Deutschen Nationalbibliografie; detaillierte bibliografische Daten sind im Internet über http://dnb.dnb.de abrufbar.

Die automatisierte Analyse des Werkes, um daraus Informationen insbesondere über Muster, Trends und Korrelationen gemäß §44b UrhG („Text und Data Mining") zu gewinnen, ist untersagt.

Coverfoto: Fabienne Felder (felderphotography.ch)

Verlag: BoD · Books on Demand GmbH, Überseering 33, 22297 Hamburg, bod@bod.de

Druck: Libri Plureos GmbH, Friedensallee 273, 22763 Hamburg

ISBN: 978-3-7693-1977-4

Inhaltsverzeichnis

Dieses Buch ist einerseits aus unserer eigenen Reise entstanden – jedoch viel wichtiger: aus den vielen Begegnungen und Erfahrungen von und mit Frauen, Kundinnen in den unzähligen und wertvollen Mentoring-Calls. Frauen die sich plötzlich, ganz unerwartet, mit etwas beschäftigten, das sie früher immer vermieden hatten: Geld. Verantwortung. Technologie. Freiheit.

Wir haben erlebt, wie Bitcoin nicht nur ein finanzieller Impuls war, sondern ein innerer Aufbruch. Wie etwas in Bewegung kam – nicht nur im Denken, auch im Fühlen. Wie Frauen begonnen haben, Systeme zu hinterfragen. Ihre Komfortzone zu verlassen. Ihre eigene Geschichte neu zu schreiben.

Jasmin nennt Bitcoin gerne liebevoll den *Panzerknacker* – weil es etwas aufbricht, was lange verschlossen war. Nicht nur Konten, sondern auch Glaubenssätze. Strukturen. Ängste. Und ich sage oft: *„Mutig ist, wer nichts tut"* – weil es Mut braucht, sich dem Unbekannten zu stellen, das da in dir aufbricht, sobald du dich auf diesen Weg machst.

Dieses Buch ist für all jene, die bereit sind, sich selbst zu begegnen. Mit Klarheit, mit Ehrlichkeit – und mit der stillen Kraft, die in dir wohnt, wenn du dein Leben nicht länger auslagern willst.

Wir widmen dieses Buch Frauen, die Unabhängigkeit neu definieren und Abhängigkeiten hinterfragen. Nicht, weil sie alles sofort ändern oder einfach aufgeben können – sondern weil allein das Bewusstmachen bereits eine tiefgreifende Veränderung auslöst. Denn genau hier beginnt Selbstermächtigung: nicht im perfekten Ergebnis, sondern im mutigen ersten Blick auf das, was ist.

Willkommen auf dieser Reise. Du wirst dabei nicht nur Bitcoin besser verstehen. Du wirst dich selbst neu entdecken. Und das ist vielleicht das Wertvollste, was du je halten wirst.

Jasmin & Sarah
Twann im Mai 2025

Kapitel 1: Bitcoin als Katalysator deiner Persönlichkeitsentwicklung

---

Es beginnt oft ganz harmlos. Ein Gespräch auf einer Party, ein Podcast, ein Artikel. Vielleicht hörst du von einer Freundin: „Ich habe angefangen, mich mit Bitcoin zu beschäftigen." Du runzelst die Stirn. Ist das nicht dieses volatile Ding, dieses komische Internetgeld, von dem die Medien immer mal wieder berichten? Du nickst höflich und denkst: Sicher nur ein Hype. Und wie froh bin ich doch muss ich mich nicht um Finanzen kümmern, so ein langweiliges und trockenes Thema, das ich gerne anderen überlasse.

Doch später am Abend bleibst du hängen. Warum eigentlich lehne ich Geld ab, warum mag ich mich nicht mit meinen Finanzen befassen. Irgendetwas in dir ist wach geworden. Neugier vielleicht. Ein inneres Rauschen. Eine Ahnung.

Du googelst. Du klickst. Du beginnst zu lesen.

Und an einem bestimmten Punkt auf deiner Reise - rückblickend und nicht von Beginn an wissend und klar - spürst du ganz leise: Das, worauf du dich eingelassen hast, ist kein gewöhnliches Finanzprodukt. Es ist ein Spiegel. Kein klar polierter, der dir nur dein Äußeres zeigt, sondern ein innerer. Einer, der dich auffordert, genauer hinzusehen. In deine Gedanken.

Deine Glaubenssätze. Deine Lebensentscheidungen. Zunächst nimmst du das nicht bewusst wahr. Es fühlt sich an wie ein inneres Flüstern, ein leichtes Vibrieren unter der Oberfläche deines Verstandes.

Und erst mit der Zeit – nachdem du tiefer eingetaucht bist, nachdem du gezweifelt, gezögert, gelesen, diskutiert und vielleicht auch geträumt hast – wird dir klar: Was als scheinbar rationale Suche nach mehr Geld, oder einem besseren Geldsystem begann, hat sich still und heimlich in eine viel tiefere Reise verwandelt. Nicht dass du dich absichtlich auf eine Persönlichkeitsentwicklung hättest einlassen wollen, ist es doch dieser eine Punkt der dich auf den Weg geschickt hat.

Eine Reise zu dir selbst. Zu deinem innersten Antrieb. Zu deinem Mut, deinem Vertrauen, deiner Wahrheit. Nicht über Nacht – sondern in kleinen Etappen, Schritt für Schritt. Bitcoin führt dich, ohne dich zu führen. Und irgendwann, ohne dass du sagen könntest, wann genau es begann, verstehst du: Du hast dich nicht in ein System verliebt. Du bist dir selbst begegnet.

Die Reise beginnt nicht bei Bitcoin – sie beginnt bei dir

Wenn du dich ernsthaft auf Bitcoin einlässt, verändert sich dein Blick auf die Welt. Nicht, weil du zum Finanzprofi wirst oder plötzlich Blockchain-Expertin bist. Sondern weil Bitcoin dir Fragen stellt, die du dir vorher vielleicht nie gestellt hast. Oder nie stellen wolltest.

Fragen wie:

- Wem vertraue ich eigentlich?
- Was bedeutet Freiheit für mich?
- Bin ich wirklich unabhängig?
- Wie viel Verantwortung trage ich – und wie viel schiebe ich ab?

Bitcoin zwingt dich nicht. Es bekehrt dich nicht. Aber es lädt dich ein. In eine Welt, in der nichts und niemand mehr „die Verantwortung" übernimmt. Kein Staat, keine Bank, keine Experten. Nur du.

Das ist radikal. Und befreiend. Und auf seine Art auch verstörend.

Denn plötzlich wird klar: Das System, in dem du lebst, war nie neutral. Es war nie für dich gemacht. Es hat dich abhängig gemacht. Bequem. Und klein. Nicht aus Bösartigkeit, sondern aus Systemlogik. Aber jetzt stehst du an der Schwelle – und du kannst sie nicht mehr ignorieren.

Bitcoin ist wie ein inneres Beben

Zuerst denkst du: Es geht um Technik. Dann merkst du: Es geht um Vertrauen. Dann begreifst du: Es geht um dich.

Deine Angst, zu wenig zu wissen. Dein Zögern, etwas falsch zu machen. Deine Überzeugung, dass Geld „Männersache" ist. Deine Unsicherheit, ob du das alles verstehen kannst.

All das zeigt sich. Nicht, weil Bitcoin dich bewertet – sondern weil du dich selbst beginnst, wirklich zu sehen.

Du erkennst Muster. Glaubenssätze. Lügen, die du dir über dich selbst erzählt hast:

- „Ich kann mit Geld nicht umgehen."
- „Ich brauche Sicherheit."
- „Ich bin zu spät dran."
- „Ich verstehe das nicht."

Und du beginnst, sie zu hinterfragen. Nicht aus Rebellion. Sondern weil du spürst: Da ist mehr. In dir. Und in der Welt.

Bitcoin zeigt dir, dass du die Spielregeln neu schreiben darfst. Dass du selbst entscheiden kannst, was du wert bist. Dass du deine finanzielle Welt gestalten darfst – bewusst, eigenverantwortlich, mutig.

Doch das ist nicht immer bequem. Diese Art der Entwicklung konfrontiert dich mit Dingen, die du vielleicht lange erfolgreich verdrängt hast. Deine Unsicherheiten. Deine Bequemlichkeit. Deine Angst vor echter Verantwortung. Bitcoin legt den Finger auf diese Stellen – nicht um dich zu demütigen, sondern um dich zu wecken.

Denn Persönlichkeitsentwicklung bedeutet nicht nur, sich besser zu fühlen. Sie bedeutet, mehr Verantwortung zu tragen. Sie bedeutet, dein Weltbild immer wieder zu überprüfen und zu erweitern. Sie bedeutet, den Mut zu haben, dich selbst infrage zu stellen – und genau das ist es, was Bitcoin bei vielen Menschen auslöst.

Persönlichkeitsentwicklung durch Bitcoin – aber anders, als du denkst.

Es geht nicht um bessere Routinen oder mehr Produktivität. Es geht um eine innere Transformation. Um ein Erwachen. Eine neue Haltung.

Du wirst unabhängiger. Klarer. Kritischer. Du beginnst, Dinge zu hinterfragen, die du vorher als selbstverständlich angesehen hast. Du nimmst dich selbst ernster – und die Welt um dich herum weniger absolut.

Du merkst: Du brauchst kein System, das dich schützt. Du brauchst Selbstvertrauen, das dich trägt. Du brauchst keine Autoritäten, die für dich entscheiden. Du brauchst den Mut, deine eigenen Entscheidungen zu treffen.

Diese neue Haltung beginnt nicht schlagartig – sie wächst leise. Mit jedem Kapitel, das du liest, mit jedem Gespräch, das du führst, mit jedem Gedanken, der sich verändert. Du wirst zur Beobachterin deiner alten Denkweisen. Du erkennst, wo du klein gehalten wurdest – oder dich selbst klein gehalten hast.

Du beginnst, dich aus alten Konstrukten zu lösen – innerlich wie äußerlich.

Es ist der Moment, in dem du realisierst: Die Grenzen waren nie im Außen. Sie waren in deinem Kopf, in deinem Herzen, in deinen Gewohnheiten. Bitcoin macht diese Grenzen sichtbar. Und durch das Sichtbarmachen verlieren sie ihre Macht.

Das verändert nicht nur deinen Umgang mit Geld, sondern dein gesamtes Leben. Du wirst bewusster im Alltag. Du gehst achtsamer mit deiner Zeit um. Du triffst Entscheidungen, die auf deinen Werten beruhen – nicht auf Angst oder gesellschaftlichen Erwartungen.

Diese Transformation kann leise beginnen. Aber sie wird tief, wenn du dich wirklich einlässt. Du beginnst, dich selbst zu fragen: Wer bin ich? Wo will ich hin? Was bedeutet für mich ein gutes Leben?

Du beginnst, dich nicht mehr mit der Welt zu arrangieren, sondern sie für dich zu gestalten. Du wirst innerlich freier, weil du spürst: Ich bin fähig, ich bin bereit, ich bin verantwortlich.

> Bitcoin macht dich nicht über Nacht reich. Es ist dazu da, damit du langfristig nicht verarmst – und es macht dich radikal ehrlich mit dir selbst.

Und genau darin liegt der Reichtum: In der Klarheit. In der Selbstverantwortung. In der Freiheit, zu dir zu stehen – nicht nur finanziell, sondern existenziell.

Willkommen im Rabbit Hole – willkommen bei dir

Dieses Buch ist keine Anleitung zum Bitcoin-Kauf. Es ist auch kein Finanzratgeber. Es ist deine Einladung zu einer inneren Reise. Eine Reise, die an der Oberfläche mit Bitcoin beginnt – aber tief in dich hineinführt.

Wenn du bereit bist, hinzuschauen, zu fühlen, zu denken – dann wirst du erkennen: Bitcoin verändert nicht nur deinen Kontostand. Es verändert deine Haltung. Deinen Blick auf die Welt. Und auf dich.

Vielleicht ist diese Reise nicht einfach. Vielleicht wirst du zweifeln, dich unsicher fühlen, manchmal auch überfordert sein. Aber du wirst wachsen. Schritt für Schritt. Erkenntnis für Erkenntnis. Und irgendwann wirst du zurückblicken und sagen:

„Ich bin nicht nur in Bitcoin investiert. Ich bin in mich selbst investiert."

Du wirst wissen: Das Rabbit Hole war kein technischer Pfad. Es war eine seelische Landkarte. Eine Rückkehr zu dir. Und ein Aufbruch zugleich.

Willkommen in der Tiefe.
Willkommen in deiner Entwicklung.
Willkommen bei dir.

„Freiheit bedeutet, die Verantwortung für
sich selbst zu übernehmen."

Wenn du beginnst, dich mit Bitcoin zu beschäftigen, tritt ein zentrales Thema leise, aber bestimmt in dein Leben: Eigenverantwortung. Anfangs merkst du es kaum. Es beginnt vielleicht mit einer simplen Entscheidung: Soll ich jetzt kaufen oder noch warten? Wo bewahre ich meine Bitcoin auf? Wer erklärt mir das eigentlich? Und dann spürst du: Niemand. Niemand nimmt dich an der Hand. Niemand übernimmt die Verantwortung für dich. Niemand garantiert dir Sicherheit. Niemand kommt, um dich zu retten. Nur du.

In einer Welt, in der wir daran gewöhnt sind, dass andere für uns Entscheidungen treffen – Banken, Arbeitgeber, Behörden, Versicherungen – fühlt sich das zunächst ungewohnt an. Vielleicht sogar unangenehm. Doch genau hier beginnt deine persönliche Befreiung. Denn mit jeder Entscheidung, die du selbst triffst, wächst etwas in dir: Klarheit. Vertrauen. Macht.

Die stille Übergabe der Macht – und ihre Rückeroberung

Die meisten Menschen haben nie bewusst entschieden, wem sie ihr Vertrauen schenken. Sie sind hineingewachsen in ein

System, das vorgibt, Sicherheit zu bieten – durch staatliche Absicherung, durch Geld was gedruckt werden kann, durch Lebens- und Rentenversicherungen. Doch diese Sicherheit hat einen Preis: Abhängigkeit.

Bitcoin stellt genau das infrage. Es gibt dir kein Versprechen. Es ist neutral. Es sagt nicht: „Vertrau mir". Es sagt: „Vertrau dir selbst." Du musst dich selbst informieren. Du musst selbst wählen, wo du dein Geld aufbewahrst. Du musst entscheiden, wie viel Risiko du trägst. Und du musst bereit sein, die Konsequenzen zu tragen – im Guten wie im Schlechten.

Und plötzlich wirst du dir bewusst: Genau das hast du dir immer gewünscht. Nicht die Verantwortung an sich – aber die Freiheit, dein Leben selbst zu gestalten.

Und zum ersten Mal erkennst du: Diese Freiheit ist möglich – aber nur, wenn du bereit bist, sie zu tragen. Weg von alten Mustern und Glaubenssätzen, die du einfach so übernommen hast, manchmal vielleicht auch ohne sie zu hinterfragen. Verantwortung ist kein Druck – sie ist eine Einladung

Verantwortung wird oft als Last beschrieben. Als Bürde. Doch was, wenn Verantwortung in Wahrheit das größte Geschenk ist? Was, wenn sie dir ermöglicht, nicht mehr Spielball zu sein, sondern Gestalterin deines Lebens?

Eigenverantwortung bedeutet nicht, dass du alles alleine schaffen musst. Aber es bedeutet, dass du aufhörst zu warten. Auf bessere Umstände. Auf den perfekten Moment.

Auf Erlaubnis. Auf Rettung. Du erkennst: Ich bin der Ursprung meiner Veränderung. Ich bin die Quelle meiner Kraft.

Diese Erkenntnis verändert dich. Vielleicht langsam. Vielleicht mit innerem Widerstand. Aber sie verändert dich.

„Ich muss nichts tun. Aber ich darf.
Und ich kann."

In dieser Haltung liegt etwas Erhabenes. Etwas zutiefst Befreiendes. Du brauchst keine äußere Legitimation mehr, um dein Leben in die Hand zu nehmen. Du brauchst keine Bestätigung, keinen Applaus, keine Absolution. Du brauchst nur deine innere Zustimmung.

Bitcoin als Übungsfeld für radikale Selbstermächtigung

Bitcoin ist unbestechlich. Es urteilt nicht. Es macht keine Ausnahmen. Es rettet dich nicht, wenn du deinen Private Key verlierst. Es ist weder gnädig noch streng – es ist konsequent. Und genau deshalb ist es ein ideales Feld für deine Entwicklung.

Du lernst, Entscheidungen zu treffen – und mit ihnen zu leben. Du lernst, zu recherchieren, zu hinterfragen, zu prüfen.

Du lernst, Verantwortung zu übernehmen – nicht weil du musst, sondern weil du kannst. Du beginnst zu vertrauen. Nicht blind – sondern in dich selbst.

Du wirst zur Souveränin deiner Entscheidungen. Vielleicht zum ersten Mal in deinem Leben. Und das verändert alles. Was mit einem mulmigen Gefühl begann, wird plötzlich zu einer Quelle von Stolz. Du brauchst niemanden mehr, der dir sagt, was du tun sollst. Du hörst auf, nach Autoritäten zu suchen – weil du die Autorität in dir selbst entdeckst.

Und mit jeder Entscheidung, die du bewusst triffst – auch wenn sie nicht perfekt ist – wächst deine innere Klarheit. Du wirst ruhiger. Kraftvoller. Freier.

Verantwortung verändert dein ganzes Leben

Sobald du beginnst, in einem Bereich deines Lebens radikal Verantwortung zu übernehmen – in deinem Geld, deiner Zeit, deinen Gedanken – weitet sich dieses Prinzip aus. Du wirst sensibel für Abhängigkeiten. Für Ausreden. Für Systeme, die dich kleinhalten.

Du wirst wacher. Unabhängiger. Wahrhaftiger.

Und genau das ist die Magie: Bitcoin zeigt dir nicht nur, wie du dein Geld unabhängig verwalten kannst. Es zeigt dir, wie du dein Leben unabhängig gestalten kannst. Es ist kein Tool – es ist ein Lehrer. Ein Spiegel. Ein stiller Mentor.

Und du beginnst zu verstehen: Niemand kommt, um dich zu retten. Aber das ist keine schlechte Nachricht. Im Gegenteil. Es ist die beste Botschaft, die du je hören wirst.

Denn wenn niemand kommt, um dich zu retten – dann bist du frei. Wirklich frei.

Frei, zu entscheiden.
Frei, zu gestalten.
Frei, zu leben.

> „Wenn du anders bist, machst du es den anderen unbequem – aber dich selbst wahr.“

Es ist ein leiser Prozess. Du fängst an, Fragen zu stellen. Nicht weil du auf Krawall gebürstet bist, sondern weil irgendetwas in dir keine Ruhe gibt. Vielleicht stellst du infrage, warum du dein Geld der Bank gibst, die dich dafür kaum belohnt. Vielleicht fragst du dich, warum dein Rentensystem bröckelt, während du dein Leben lang arbeitest. Vielleicht fragst du dich, warum Altersarmut weiblich ist. Vielleicht hörst du auf, Schlagzeilen zu glauben, und beginnst, selbst zu denken.

Du merkst: Deine Gedanken driften ab vom Mainstream. Und mit ihnen deine Sprache, deine Werte, deine Entscheidungen.

Es ist der Beginn einer neuen Identität. Und sie ist nicht immer leicht zu tragen.

Anders zu denken ist unbequem – und gleichzeitig notwendig

Gesellschaften funktionieren über Konformität. Wer sich anpasst, ist sicher. Wer sich einfügt, wird akzeptiert. Das sind übernommene Muster aus der Zeit des Säbelzahntigers, wer von der Gesellschaft ausgeschlossen wird, wird nicht überleben. Wer Fragen stellt, wird oft irritiert angeschaut. Du kennst das vielleicht: du sprichst Bitcoin an – und sofort bekommst du Augenrollen, belächelnde, ja manchmal fast mitleidige Kommentare, oder ein: „Das ist doch nur was für Nerds.“

Und in dir beginnt sich etwas zu regen. Eine Mischung aus Unsicherheit und innerer Klarheit. Denn du weißt, was du erlebt hast. Du hast gefühlt, was es mit dir macht. Du bist wach geworden – und du kannst das nicht mehr ignorieren.

Freiheit bedeutet oft, gegen den Strom zu schwimmen. Nicht aus Trotz, sondern aus Wahrhaftigkeit. Und das braucht Mut. Denn es gibt keine Garantie. Kein Schulterklopfen. Keine Einladung.

Du wirst nicht gefeiert, du wirst geprüft

Mut zur Andersartigkeit zeigt sich nicht auf der großen Bühne. Er zeigt sich in den kleinen Momenten:

- Wenn du als Einzige am Tisch deine Sicht vertrittst.
- Wenn du dich gegen den Konsumzwang entscheidest – weil du deine Sats sparst.
- Wenn du Nein sagst – obwohl alle Ja sagen.

Diese Momente machen dich nicht laut. Aber sie machen dich echt. Du spürst: Ich lebe nicht für die Anerkennung der anderen. Ich lebe, um mir selbst treu zu sein. Für mich ein prägendes Beispiel war, als ich im Vorstand eines Clubs meine persönliche Meinung vertrat, zurechtgewiesen wurde mit den

Worten: "Die Mehrheit hat immer Recht". Ich gab dann auch postwendend meinen Rücktritt.

Bitcoin zeigt dir, wie tief dieses Bedürfnis, dazuzugehören, dich anzupassen in dir verwurzelt ist. Und trotz dem lässt es dich nicht los. Denn du beginnst, Dinge zu tun, die du nie für möglich gehalten hättest. Du bildest dich weiter. Du investierst in etwas, das kaum jemand versteht. Du gehst los, obwohl du noch nicht weißt, wohin es führt.

Und du lernst: Der Weg entsteht beim Gehen – und er gehört dir allein.

Der Preis der Zugehörigkeit – und die Freiheit des Alleinseins

Wir alle sehnen uns nach Verbindung. Nach einem Platz in der Gemeinschaft. Doch was, wenn der Preis dafür ist, dich selbst zu verraten? Deine Wahrheit zu unterdrücken? Deine Gedanken zu zensieren?

Mut zur Andersartigkeit bedeutet, dass du bereit bist, eine Zeit lang nicht dazuzugehören. Es bedeutet, dass du lernst, mit Blicken, Schweigen oder Zweifeln umzugehen. Nicht weil du besser bist – sondern weil du wach bist. Weil du eine tiefere Wahrheit in dir trägst.

Und mit der Zeit geschieht etwas Wundervolles: Du findest neue Verbindungen, zu dir und im Aussen. Menschen, die dich verstehen.

Die ähnlichen Fragen stellen. Die von sich nicht behaupten perfekt und allwissend zu sein – aber echt.

" Bitcoin ist wie ein Leuchtfeuer in der Dunkelheit für all jene, die beginnen, sich von vorgefertigten Wahrheiten zu lösen. Es zieht sie nicht an, weil sie gleich denken, sondern weil sie bereit sind, selbst zu denken – unabhängig, offen, kritisch und frei. Es vereint Menschen, die keine Zugehörigkeit suchen, sondern Wahrheit. Kein Gruppenzwang, sondern geteilte Erkenntnis. Kein kollektiver Konsens, sondern individueller Mut."

Du brauchst nicht laut zu sein – du darfst einfach du sein

Es braucht keinen Widerstand gegen alles. Es braucht keine Arroganz. Es braucht nur Echtheit. Den Mut, in dir selbst zu ruhen – auch wenn außen Sturm ist.

Mut zur Andersartigkeit bedeutet, dass du deiner inneren Stimme mehr glaubst als dem äußeren Lärm. Dass du dich selbst ernst nimmst – auch wenn andere dich belächeln.

Und mit jedem Schritt, den du gehst, wird deine Spur klarer. Du wirst zum Vorbild, ohne es zu wollen. Denn wahre Stärke wirkt leise – aber tief.

Bitcoin braucht keine Zustimmung.
Und du auch nicht.

Du wirst nicht rebellisch – du wirst frei.

Und plötzlich erkennst du: Du bist nicht allein

Was vielleicht als einsamer Weg begann, wird zur Bewegung. Nicht als Masse, sondern als Wellen von Individuen, die sich trauen, anders zu sein. Die nicht mehr nach Erlaubnis fragen. Die nicht mehr alles glauben. Die bereit sind, Verantwortung zu tragen – und dafür ihre Freiheit zu gewinnen.

Und irgendwann wirst du zurückblicken – auf all die Gespräche, in denen du dich getraut hast, du zu sein. Auf all die Entscheidungen, die du gegen den Mainstream getroffen hast. Und du wirst wissen:

Das war der Preis. Aber es war es wert. Denn du hast nicht nur Bitcoin entdeckt. Du hast dich selbst entdeckt. Und das ist unbezahlbar.

> „Wer nicht selbst denkt, lässt denken – und
> gibt damit seine Freiheit ab."

Es gibt einen Moment auf deiner Bitcoin-Reise, der sich still, aber tief in dein Bewusstsein einschreibt: Der Moment, in dem du zum ersten Mal ernsthaft beginnst, Dinge infrage zu stellen, die du zuvor als selbstverständlich akzeptiert hast. Wie Geld funktioniert. Wer darüber entscheidet. Was Wert überhaupt bedeutet. Und warum niemand dich je gelehrt hat, all das zu hinterfragen.

Kritisches Denken ist der erste Akt echter Emanzipation. Es ist das Aufwachen aus einem kollektiven Traum – oder vielmehr: einem System von Erzählungen, das dir beigebracht hat, was du zu glauben hast. Dass Banken sicher sind. Dass Inflation normal ist. Dass dein Geld auf dem Konto dir gehört. Dass du dich nicht auskennen musst – weil sich „andere" darum kümmern.

Bitcoin durchbricht diese Erzählung mit einer radikalen Schlichtheit: Niemand hat die Kontrolle. Es gibt keine zentrale Instanz. Keine Autorität, die dir dein Geld wegnehmen, es entwerten oder zensieren kann. Und genau deshalb stößt du plötzlich an die Grenzen deines bisherigen Denkens.

Gesellschaftliche Narrative entlarven – ein Akt des Mutes

Du beginnst zu erkennen, wie viele Annahmen nicht aus deinem eigenen Denken stammen, sondern übernommen wurden. Aus Erziehung. Schule. Medien. Gesprächen. Du entdeckst, dass viele vermeintliche „Wahrheiten" nur wiederholte Überzeugungen sind – ohne echte Prüfung. Ein Weiterverbreiten von Generation zu Generation ohne zu hinterfragen.

Und dann stehst du da. Auf unsicherem Boden. Verwirrt. Erschrocken vielleicht. Aber auch wach. Und bereit.

Denn du spürst: Kritisches Denken ist unbequem, aber ehrlich. Es nimmt dir Illusionen – aber es gibt dir Wirklichkeit zurück. Es bedeutet nicht, alles zu verneinen. Sondern: selbst zu prüfen. Selbst zu fragen. Selbst zu entscheiden.

Bitcoin fragt nicht, ob du bereit bist zu denken – es konfrontiert dich mit der Tatsache, dass du es musst.

Warum dich niemand zum Denken auffordert – und Bitcoin es trotzdem tut

Die Systeme, in denen wir leben, funktionieren besser, wenn wir folgen, nicht fragen.

Wenn wir konsumieren, nicht reflektieren. Wenn wir uns absichern, statt zu erforschen. Kritisches Denken ist störend. Es stört die Ordnung. Es stört die Bequemlichkeit. Es stört die Kontrolle.

Aber genau deshalb ist es so machtvoll.

Bitcoin ist das erste Geld, das dich zwingt, dich selbst damit auseinanderzusetzen. Es lässt sich nicht blind konsumieren. Du musst verstehen, was ein Private Key ist. Warum Limitierung ein Vorteil ist. Warum Dezentralität Schutz bedeutet. Und plötzlich merkst du: Du entwickelst geistige Autonomie.

Du beginnst, nicht nur Bitcoin zu hinterfragen, sondern alles. Du fragst dich:

- Warum wird Inflation als etwas Gutes dargestellt?
- Warum wurden Sparer zu Verlierern gemacht?
- Warum soll ich mein Geld abgeben und vertrauen, dass andere es für mich regeln?

Und du merkst: Die Antworten liegen nicht im Außen. Sie liegen in deinem eigenen Denkprozess.

Der Preis des Denkens – und der Lohn der Klarheit

Kritisch zu denken heißt, auch mit Unsicherheit zu leben. Es gibt keine einfachen Antworten mehr. Kein „Die da oben machen das schon". Kein „So ist es halt". Du musst lernen, mit offenen Fragen zu leben. Mit Komplexität. Mit Verantwortung. Etwas, was uns abtrainiert wurde.

Aber das, was du dafür gewinnst, ist unschätzbar:

- Du wirst wacher.
- Du wirst durchlässiger für Wahrheit.
- Du wirst unbestechlicher.

Dein Denken wird zu einem inneren Kompass. Und du beginnst, dich selbst zu führen – statt dich führen zu lassen.

Du verlierst die scheinbare Sicherheit des Mitlaufens, aber du gewinnst die echte Sicherheit in dir. Du brauchst nicht mehr jede Antwort von außen – weil du lernst, dir selbst zu vertrauen.

Bitcoin als Denk-Werkzeug – mehr als nur Technologie

Je tiefer du in die Bitcoin-Welt eintauchst, desto mehr merkst du: Hier geht es nicht nur um Code oder Geld. Es geht um Prinzipien. Ethik. Machtverhältnisse. Vertrauen. Die Architektur unserer Gesellschaft.

Bitcoin macht dich nicht nur finanziell freier – es macht dich gedanklich freier. Und diese Freiheit ist keine Selbstverständlichkeit. Sie ist ein Muskel. Ein Geschenk. Und eine Aufgabe.

Du beginnst, Sprache kritischer wahrzunehmen. Du erkennst, wie oft Begriffe wie „Sicherheit", „Vertrauen" oder „Stabilität" missbraucht werden, um Kontrolle auszuüben. Du wirst hellhöriger, schärfer, klarer – nicht misstrauisch, sondern wach.

Und du entwickelst eine Art inneren Radar für Manipulation –
nicht nur in Finanzfragen, sondern überall.

Kritisches Denken ist die Kunst, dich nicht
täuschen zu lassen – weder von anderen,
noch von dir selbst.

Du wirst unbequem – aber authentisch

Wer kritisch denkt, passt nicht mehr ganz hinein. Nicht in
Small Talk. Nicht in schnelle Meinungen. Nicht in leere Phrasen. Du wirst nicht mehr jede Erzählung glauben. Nicht jedem
Trend folgen. Nicht jede Regel befolgen, nur weil sie existiert.

Und vielleicht kostet dich das Zugehörigkeit. Aber es schenkt
dir Wahrheit. Es schenkt dir Würde. Es schenkt dir dich.

Denn du hast begonnen, selbst zu denken. Und damit beginnt
alles.

Nicht nur Bitcoin. Sondern deine echte Freiheit. Deine Unabhängigkeit.

> „Beherrsche deine Emotionen – oder sie
> beherrschen dich.“

Bitcoin ist mehr als nur ein technologisches oder finanzielles Phänomen. Es ist ein Spiegel – einer, der deine innersten Reaktionen gnadenlos sichtbar macht. Und kein Bereich bringt diese Reaktionen so ungefiltert an die Oberfläche wie der Preis. Die Volatilität, das ständige Auf und Ab des Bitcoin-Kurses ist wie ein psychologisches Labor. Und du bist das Versuchssubjekt.

Panik, Euphorie, FOMO (fear of missing out), Wut, Überheblichkeit, Reue – kaum ein anderes Investment macht so schnell sichtbar, wie du innerlich gestrickt bist. Und genau darin liegt die eigentliche Chance: nicht nur, finanziell reich zu werden, sondern emotional reif.

Der Preis als Spiegel deiner Innenwelt

Wenn der Kurs fällt und du plötzlich das Gefühl hast, etwas zu verlieren, obwohl sich an deinem Alltag nichts verändert hat – was sagt das über dein Sicherheitsbedürfnis? Wenn du bei steigenden Preisen kaufst, nur weil „jetzt alle kaufen“ – was sagt das über deinen Wunsch nach Zugehörigkeit?

Bitcoin zwingt dich, dich diesen Fragen zu stellen. Nicht einmal, sondern immer wieder. Bei jedem neuen Allzeithoch. Bei jedem Rücksetzer. Es gibt dir ständig Feedback. Nicht über den Markt – sondern über dich selbst. Und glaub mir, das hört nie auf - so wie ich auch gerne sage: "Fertig ist, wenn fertig ist" das Leben ist eine ständige Entwicklung deine Persönliche.

Zwischen Impuls und Entscheidung liegt deine Entwicklung

Die meisten Menschen handeln aus dem Impuls. Sie kaufen, wenn sie gierig sind. Sie verkaufen, wenn sie ängstlich sind. Sie investieren nicht, wenn sie unsicher sind – und fühlen sich schlecht, wenn andere scheinbar mutiger waren.

Doch der wahre Unterschied entsteht dazwischen: in der kleinen Pause zwischen Reiz und Reaktion. Genau dort wächst dein Bewusstsein. Genau dort entsteht Freiheit.

Emotionale Kontrolle bedeutet nicht, keine Gefühle zu haben. Es bedeutet, deine Gefühle zu spüren – aber nicht von ihnen überrannt zu werden. Es bedeutet, zu atmen, zu fühlen, zu prüfen – und dann bewusst zu wählen. So ticken wir gerade so, wie es zum Investieren ein absolutes No-Go ist und das dürfen wir lernen, es darf sich entwickeln dieses neue Mindset. Dein neues Ich.

Bitcoin als Trainingsfeld für emotionale Reife

Du kannst dich mit Bitcoin nicht verstecken. Du kannst nicht delegieren, nicht outsourcen, nicht abgeben.

Du bist verantwortlich – auch für deine Reaktionen. Und genau deshalb ist Bitcoin ein so wirkungsvolles Übungsfeld für emotionale Reife.

Du lernst:

- Geduld auszuhalten.
- Unsicherheit zu akzeptieren.
- Vertrauen zu kultivieren – nicht ins Außen, sondern in deine eigenen Entscheidungen.

Diese Fähigkeiten sind unbezahlbar – nicht nur für dein Portfolio, sondern für dein Leben. Denn wer lernt, mit Unsicherheit zu leben, wird gelassener in Beziehungen. Klarer in Konflikten. Resilienter im Alltag.

Emotionen sind keine Schwäche – sie sind dein Kompass

In der Bitcoin-Welt wird oft von rationalem Investieren gesprochen. Doch das bedeutet nicht, gefühllos zu sein. Es bedeutet, deine Gefühle zu kennen. Sie als Information zu begreifen. Als Einladung zur Selbstreflexion. Anders zu Handeln als du es gewohnt bist, anders als es dir beigebracht wurde. Anders als Normal.

Angst zeigt dir, wo du Halt brauchst. Gier zeigt dir, wo du noch glaubst, nicht genug zu sein. Scham zeigt dir, wo du noch Urteile über dich selbst trägst. Wenn du diese Gefühle nicht verdrängst, sondern liebevoll erforschst, wirst du nicht nur freier – du wirst wahrhaftiger. Bist du bereit deine Wahrhaftigkeit anzuerkennen, zu leben mit all seinen Facetten?

„Deine größte Stärke liegt nicht in der
Kontrolle über den Markt, sondern in der
Klarheit über dich selbst."

Reife zeigt sich nicht im Gewinn – sondern in der Gelassenheit

Es gibt Menschen, die Millionen mit Bitcoin verdient haben – und dabei keine innere Ruhe. Und es gibt Menschen, die kleine Beträge investieren – und dadurch enorm wachsen. Nicht, weil sich der Markt verändert hat. Sondern weil sie sich verändert haben. Lies das nochmal und es wird sich direkt ein unglaublich gutes Gefühl in dir ausbreiten.

Emotionale Kontrolle zeigt sich nicht, wenn alles gut läuft. Sie zeigt sich, wenn es turbulent wird. Wenn der Markt einbricht. Wenn du angegriffen wirst. Wenn du zweifelst. Und du trotzdem bleibst. Ruhig. Wach. Verbunden.

Das eigentliche Geschenk von Bitcoin liegt nicht im Chart, sondern im Charakter, den du entwickelst, wenn du dich wirklich auf diese Reise einlässt. Du wirst geduldiger. Selbstbestimmter. Klarer. Und innerlich freier.

Und vielleicht merkst du irgendwann:

Es geht nie nur ums Geld. Es geht immer um dich.

„Geld ist neutral. Aber deine Beziehung zu
Geld ist es nicht."

Wir alle sind mit bestimmten Vorstellungen über Geld aufgewachsen. Manche davon waren direkt ausgesprochen – wie: „Geld verdirbt den Charakter" oder „Über Geld spricht man nicht." Andere waren subtiler. Sie lagen in der Art, wie in deiner Familie über Geld gesprochen wurde – oder eben nicht. In der Verlegenheit deiner Eltern, wenn Rechnungen kamen. In der Freude beim Schnäppchen. Im Stolz, sparsam zu sein. Oder in der Angst, etwas zu verlieren.

Diese Prägungen wirken wie ein unsichtbares Betriebssystem in dir. Sie beeinflussen, wie du Geld wahrnimmst, wie du darüber denkst, fühlst, entscheidest. Und das oft, ohne dass du es bemerkst.

Bitcoin macht diese Prägungen sichtbar. Schon allein die Beschäftigung mit einem völlig neuen Geldsystem bringt dein altes Gelddenken zum Wanken. Denn Bitcoin spielt nach anderen Regeln – und konfrontiert dich damit, ob deine Regeln überhaupt noch zu dir passen. Was hast du einfach nur so übernommen oder was glaubst du wirklich noch? Diese Fragen darfst du dir jetzt gerne stellen, denn dieses Überdenken ist es, was dich weiterbringt.

Was denkst du wirklich über Geld?

Nimm dir einen Moment und frage dich ehrlich:

- Was war der erste Satz über Geld, den du als Kind gehört hast?
- Wer in deiner Familie hatte Geld – und wie wurde über diese Person gesprochen?
- Wie fühlst du dich, wenn du an Reichtum denkst?
- Glaubst du, dass du es „wert" bist, finanziell frei zu sein?

Diese Fragen sind kein Selbstzweck. Sie sind Türen. Wenn du sie mutig öffnest, zeigen sie dir, welche inneren Programme in dir laufen – Programme, die dich entweder wachsen lassen oder klein halten.

Viele Menschen tragen tiefe Überzeugungen in sich wie:

- „Investieren ist riskant."
- „Ich bin einfach nicht gut mit Geld."
- „Wer viel Geld hat, ist sicher nicht glücklich."
- „Ich darf nicht mehr haben als meine Eltern."

Diese Sätze klingen harmlos. Aber sie wirken tief. Sie steuern deine Entscheidungen. Sie sabotieren deinen Mut. Sie begrenzen deine Möglichkeiten – nicht weil du nicht kannst, sondern weil du glaubst, nicht zu dürfen.

Bitcoin als Spiegel deiner tiefsten Überzeugungen

Wenn du beginnst, Bitcoin zu verstehen, stellst du plötzlich vieles infrage:

- Warum verliert mein Geld an Wert?
- Warum ist Sparen plötzlich „altmodisch"?
- Warum werde ich nicht belohnt, wenn ich vorsichtig bin?
- Warum wurde mir nie beigebracht, wie Geld funktioniert?

Und mit jeder neuen Erkenntnis fällt ein Stück deines alten Weltbilds.

Bitcoin konfrontiert dich mit einem radikal neuen Verständnis von Wert:

- Wert entsteht durch Knappheit, nicht durch Beliebigkeit.
- Besitz bedeutet Verantwortung, nicht Sicherheit.
- Reichtum entsteht nicht durch Anpassung, sondern durch Klarheit.

Plötzlich siehst du: Es war nie das Geld, das dich zurückgehalten hat. Es waren deine Überzeugungen darüber.

Die Macht der unbewussten Loyalität

Ein besonders tief sitzendes Muster ist die unbewusste Loyalität gegenüber deiner Herkunft. Vielleicht hattest du Eltern, die hart gearbeitet, aber wenig gehabt haben. Vielleicht war Bescheidenheit ein Wert – und Reichtum gleichbedeutend mit Arroganz. Vielleicht glaubst du tief in dir: „Ich darf nicht weiter gehen als sie."

Diese Loyalität ist nicht falsch. Sie zeigt Liebe, Verbindung, Zugehörigkeit. Aber sie kann dich unbemerkt fesseln. Und du wirst dich innerlich zerreißen, wenn du versuchst, dich zu entwickeln, ohne diese Loyalität zu hinterfragen.

Bitcoin stellt dir keine Diagnose. Aber es wirft ein Licht auf diese Schatten. Es fragt dich still: Willst du wirklich frei sein? Auch innerlich? Auch von familiären Erwartungen, kollektiven Narrativen, alten Bildern von „guten Menschen"?

Du kannst nicht in ein neues Geldsystem eintreten – mit einem alten Selbstbild.

Dein neues Gelddenken – bewusst, liebevoll, kraftvoll

Glaubenssätze lassen sich nicht einfach löschen. Aber du kannst sie erkennen. Und wenn du sie erkannt hast, kannst du wählen:

- Will ich diesen Satz weiter glauben?
- Dient mir dieser Gedanke noch?
- Wofür darf jetzt Raum entstehen?

Vielleicht für Sätze wie:

- „Ich darf Geld empfangen – ohne Schuld."
- „Ich kann Verantwortung tragen – auch finanziell."
- „Ich darf wachsen – auch wenn andere stehen bleiben."
- „Reichtum ist ein Ausdruck von innerer Klarheit."

Bitcoin gibt dir dafür keine Anleitung. Aber es schenkt dir ein neues Spielfeld. Eine neue Realität. Eine neue Möglichkeit, Geld und dich selbst neu zu definieren.

Und vielleicht merkst du plötzlich: Es war nie das Geld, das dir Angst gemacht hat. Es war der Gedanke, du seist es nicht wert.

Und genau diesen Gedanken darfst du jetzt loslassen.

„Die meisten Menschen überschätzen, was
sie in einem Jahr erreichen können – und
unterschätzen, was in zehn Jahren möglich
ist." *– Tony Robbins*

Wir leben in einer Welt, die auf Geschwindigkeit programmiert ist. Sofortiger Zugriff, sofortige Bestätigung, sofortige Lieferung. Vom Ein-Klick-Kauf bis zum Scroll durch die sozialen Medien ist alles darauf ausgerichtet, dich zu belohnen – schnell, impulsiv, oft oberflächlich.

Doch echtes Wachstum – innerlich wie äußerlich – folgt anderen Gesetzen. Es ist leise. Langsam. Tief. Und manchmal unbequem. Genau das macht Geduld heute zu einer radikalen Kraft. Und Bitcoin zu einem spirituellen Lehrer dieser Kraft.

Denn Bitcoin belohnt dich nicht sofort. Im Gegenteil: Er testet deine Geduld. Er prüft dein Vertrauen. Er fordert dein Langzeitdenken. Und genau dadurch öffnet er dir eine Tür zu einem neuen Verständnis von Zeit, Reife und innerer Stärke. Und wenn wir das Zitat zu Beginn auf Bitcoin anwenden, heisst das, Bitcoin wird kurzfristig in seinem Wachstum an Wert überschätzt und langfristig unterschätzt. Das ist auch in einem gewissen Masse normal, da wir es nicht mehr gewohnt sind längerfristig zu denken und zu planen.

Instant Gratification – Der Zwang zur schnellen Befriedigung

Wir wurden darauf konditioniert, dass sich alles lohnen muss – am besten sofort. Du arbeitest, du willst Ergebnisse. Du verzichtest, du willst Anerkennung. Du investierst, du willst Gewinn. Doch Bitcoin unterbricht dieses Muster. Er funktioniert nicht nach Belohnung auf Knopfdruck. Er schwankt. Er provoziert. Und er schenkt nur jenen, die bleiben.

Diese Konfrontation mit der eigenen Ungeduld ist kein Zufall. Sie ist der Anfang eines tiefen inneren Lernprozesses. Du wirst mit deiner eigenen Nervosität konfrontiert, mit deiner Angst, „zu spät" zu sein, mit deinem Wunsch, nichts zu verpassen – und mit der tiefsitzenden Illusion, dass Glück und Erfolg immer sofort sichtbar sein müssen.

Geduld als Superkraft – und Bitcoin als Mentor

Bitcoin lehrt dich durch Erfahrung, nicht durch Versprechen. Wer über Jahre hinweg hält, beobachtet, lernt, zweifelt und trotzdem bleibt, erlebt nicht nur finanziellen Zuwachs – sondern vor allem persönlichen Reifegewinn. Denn wahre Geduld ist nicht einfach Abwarten. Wahre Geduld ist aktives Vertrauen.

Vertrauen darauf, dass die Saat aufgeht. Dass Zeit ein Verbündeter ist. Dass innere Ruhe stärker ist als äußere Bewegung.

Diese Haltung ist nicht nur in der Welt von Bitcoin selten geworden – sie ist auch im persönlichen Leben rar. Dabei ist sie die Grundlage jeder echten Veränderung. Ob beim Aufbau eines Unternehmens, dem Vertiefen einer Beziehung oder der inneren Heilung alter Wunden – alles Wertvolle braucht Zeit.

Geduld ist nicht das Warten auf etwas. Es ist die Entscheidung, währenddessen präsent, bewusst und klar zu bleiben.

Der Bruch mit Sofort-Belohnung – und das Reifen in Geduld

Du wirst feststellen: Je länger du Bitcoin hältst, desto weniger geht es dir um den nächsten Preis. Du beginnst, anders zu denken – nicht nur über Geld, sondern über dich selbst. Du stellst dir Fragen wie:

- Muss ich wirklich sofort sehen, dass etwas wirkt?
- Kann ich eine Entscheidung tragen, ohne sofortige Bestätigung?
- Bin ich bereit, einem größeren Ziel zu dienen – auch ohne Applaus?

Bitcoin wirkt wie ein Gegengift zu unserer hektischen Welt. Es zeigt dir, dass Geduld nicht Schwäche ist, sondern eine Form von Weisheit. Eine Haltung der Tiefe. Eine Qualität, die dich nicht nur ruhiger, sondern freier macht.

Leben im Jetzt vs. Vision für die Zukunft – die Kunst der Balance

Geduld zu kultivieren heißt nicht, nur in der Zukunft zu leben. Es heißt auch nicht, das Jetzt zu verdrängen. Im Gegenteil: Es heißt, das Jetzt voll zu leben – ohne es mit Erwartungen zu überladen.

Bitcoin lehrt dich diesen Spagat. Du lernst, im Jetzt zu sein – ohne alles kontrollieren zu müssen. Du lernst, dich nicht von jedem Ausschlag ablenken zu lassen. Du entwickelst eine innere Zeitlosigkeit – eine Art Vertrauen, das unabhängig vom Kurs bleibt.

Und gleichzeitig entwickelst du eine Vision. Du denkst in Jahren. Vielleicht sogar in Jahrzehnten. Du planst nicht mehr von Monat zu Monat – sondern beginnst, die langfristige Wirkung deiner Entscheidungen zu sehen.

Wenn du dem Prinzip Zeit vertraust, wirst du freier – weil du nicht mehr von Sofort-Bestätigung abhängig bist.

Geduld als Teil deines neuen Selbstbildes

Vielleicht warst du bisher jemand, der schnell zweifelt. Schnell umplant. Schnell aufgibt. Doch mit Bitcoin lernst du, deine Impulse zu beobachten. Du wirst zur inneren Beobachterin deiner eigenen Ungeduld. Und das verändert dich. Du wirst nicht nur geduldiger mit dem Markt – du wirst geduldiger mit dir selbst. Und ich kann dir eines sagen, Ungeduld war mein dritter Vorname, Bitcoin - und ja auch etwas die Gelassenheit mit dem Älterwerden - hat mich Geduld gelehrt - und zwar im äusserst positiven Sinne.

Du erkennst: Wachstum braucht Raum. Tiefe braucht Weile. Und Vertrauen wächst im Stillen.

Und plötzlich beginnst du, Zeit nicht mehr als Druck zu emp-finden – sondern als Geschenk.

> „Vertrauen ist die leise Überzeugung, dass
> du deinen Weg findest – auch wenn du die
> ganze Landkarte noch nicht kennst."

Es ist eines der schönsten Versprechen, das uns moderne Gesellschaften gemacht haben: Sicherheit. Versicherungen, feste Arbeitsverhältnisse, staatliche Vorsorge, Rentensysteme – alles darauf ausgerichtet, dich in ein Gefühl der Stabilität einzuwickeln. Und gleichzeitig ist dieses Versprechen brüchiger denn je.

Inflation, geopolitische Unsicherheit, Finanzkrisen, Vertrauensverlust in Institutionen – die Welt ist nicht planbarer geworden. Sie ist komplexer, schneller, unvorhersehbarer. Und mitten in diesem Wandel taucht eine unbequeme, aber kraftvolle Wahrheit auf: Echte Sicherheit entsteht nicht im Außen – sondern in dir.

Der Kontrollverlust im Außen – und das Wiederfinden im Inneren

Wenn du anfängst, dich mit Bitcoin zu beschäftigen, begegnet dir ein Paradoxon. Du verlierst scheinbar die gewohnte Kontrolle – über Sicherheiten, Systeme, Versprechungen. Und gleichzeitig gewinnst du neue Kontrollen: einerseits über deine Finanzen und andererseits über dich selbst.

Denn Bitcoin verlangt etwas von dir, was kaum ein anderes System tut: Eigenverantwortung. Du musst selbst entscheiden. Du musst selbst verwahren. Du musst selbst verstehen. Das klingt nach Risiko – doch es ist in Wahrheit eine Einladung zu innerer Stabilität. So krass diese Erkenntnisse, nicht? Eigentlich ging es zu Beginn nur darum mehr Geld zu machen - und jetzt wo findest du dich wieder? Bei dir selbst. Selbstverantwortung in seiner vollen Güte.

Bitcoin ist kein Versprechen. Es ist ein
Werkzeug. Und du bist diejenige, die lernt,
es zu meistern.

Vertrauen wächst, wenn du dich selbst hältst

Vertrauen ist kein Zustand, der plötzlich da ist. Es ist ein Prozess. Und er beginnt nicht mit großen Entscheidungen – sondern mit kleinen Momenten:

- Du liest etwas und spürst ein inneres Ja.
- Du triffst eine Entscheidung, auch wenn andere sie nicht verstehen.
- Du bleibst ruhig, wenn der Kurs fällt.
- Du hörst auf dich – statt auf die Schlagzeilen.

In diesen Momenten wächst etwas in dir. Kein lautes Selbstbewusstsein, sondern eine stille Würde. Eine innere Verankerung. Eine Art zu wissen, dass du fähig bist – nicht perfekt, aber wach, bewusst, selbstbestimmt.

Dieses Vertrauen ist nicht arrogant. Es ist leise. Aber tief. Und es verändert, wie du dich bewegst. In deinem Leben. In deiner Beziehung zu Geld. In deinem Umgang mit Unsicherheit.

Mit der Zeit beginnst du, deiner eigenen Intuition mehr zu vertrauen als der nächsten Finanznachricht. Du erkennst, dass niemand besser weiß, was für dich richtig ist, als du selbst – wenn du lernst, auf dich zu hören. Dieser Prozess ist kein linearer. Du wirst zweifeln. Du wirst Fehler machen. Du wirst schwanken. Und genau das macht es so real. Denn Vertrauen wächst nicht im Erfolg, sondern im Aushalten der Unsicherheit.

Sicherheit bedeutet nicht, dass nichts passiert – sondern dass du bereit bist

Viele Menschen verwechseln Sicherheit mit Kontrolle. Doch Kontrolle ist eine Illusion. Das Leben lässt sich nicht planen. Der Markt lässt sich nicht vorhersehen. Die Zukunft ist offen – immer.

Was du aber kontrollieren kannst, ist dein Umgang damit. Deine Haltung. Deine Resilienz. Deine Reaktion. Das ist der eigentliche Kern von Sicherheit: nicht, dass alles gut geht – sondern dass du dir vertraust, damit umzugehen, wenn es anders kommt.

Bitcoin bringt dich genau an diesen Punkt. Es konfrontiert dich mit Ungewissheit – und fordert dich auf, damit zu leben.

Nicht passiv, sondern aktiv. Nicht ängstlich, sondern wachsam. Nicht blind, sondern bewusst.

Und in diesem Prozess merkst du: Du brauchst keine Garantien. Du brauchst dich.

Du brauchst den Mut, dich selbst ernst zu nehmen. Die Fähigkeit, mit deiner Unsicherheit zu atmen. Den Willen, auch dann bei dir zu bleiben, wenn im Außen alles wankt. Und du beginnst zu sehen: Genau das ist Stärke. Genau das ist wahre Sicherheit.

Vertrauen in dich ist radikale Rückverbindung

In einer Welt, die dir ständig sagt, dass du Experten brauchst, dass andere es besser wissen, dass du warten sollst, bis jemand dir grünes Licht gibt – ist Vertrauen in dich selbst ein revolutionärer Akt.

Es bedeutet:

- Ich warte nicht mehr auf Erlaubnis.
- Ich muss nicht alles perfekt wissen, um anzufangen.
- Ich darf Fehler machen – und daraus wachsen.
- Ich traue meinem eigenen Gefühl mehr als der Masse.

Bitcoin zeigt dir diese Haltung nicht in Form von Parolen. Es lehrt sie dir durch Erfahrung. Es fordert dich. Es prüft dich. Es schenkt dir keine Sicherheit – aber die Möglichkeit, sie in dir selbst zu finden.

Vertrauen als neues Fundament deines Lebens

Je mehr du dir vertraust, desto weniger brauchst du die Zustimmung anderer. Das heisst nicht, dass du dir jemanden an die Seite holst die schon länger Erfahrung haben als du, im Gegenteil. Nur wenn du etwas kennst und ausprobiert hast, kannst du Du sagen ob und in welchem Ausmass es dir entspricht. Mit diesem Wissen wirst du unabhängiger von Meinungen. Von Trends. Von äußeren Schwankungen. Du wirst ruhiger – nicht, weil alles sicher ist, sondern weil du es bist.

Und dann geschieht etwas Magisches: Du beginnst, dein Leben neu zu bauen. Nicht auf Garantien – sondern auf Integrität. Nicht auf Kontrolle – sondern auf Klarheit. Nicht auf Perfektion – sondern auf Verbindung.

Du wirst nicht unfehlbar. Aber du wirst frei.

Der innere Wandel ist die größte Belohnung

Vielleicht warst du einmal jemand, der gezweifelt hat. Der oft andere gefragt hat, ob das okay ist. Der sich Sicherheit im Außen gesucht hat. Der in der Meinung der anderen die eigene Orientierung gesucht hat.

Und jetzt stehst du da – vielleicht nicht ohne Angst, aber mit Vertrauen. Du spürst: Du kannst dich auf dich verlassen. Du bist nicht mehr abhängig. Nicht von Märkten, nicht von Institutionen, nicht von Zustimmung. Du bist frei, weil du dir selbst treu bist.

Und das ist die größte Sicherheit, die du je finden wirst.

„Reichtum besteht nicht darin, viel zu besitzen, sondern wenig zu brauchen." *– Epiktet*

Wenn du dich tiefer mit Bitcoin beschäftigst, beginnt sich unweigerlich etwas in deinem Leben zu verschieben. Was anfangs vielleicht nach „mehr" klang – mehr Geld, mehr Unabhängigkeit, mehr Gewinn – verwandelt sich langsam, fast unmerklich, in ein Streben nach „weniger".

Weniger Ablenkung. Weniger Konsum. Weniger Abhängigkeit. Weniger Lärm.

Und in diesem Weniger findest du plötzlich das, wonach du immer gesucht hast: Klarheit. Fokus. Freiheit. Inneren Reichtum.

Bitcoin konfrontiert dich mit der Essenz von Wert. Es zeigt dir, dass Wert nicht in der äußeren Fülle liegt, sondern in der inneren Klarheit. Und dass echter Reichtum nicht dann beginnt, wenn du viel anhäufst, sondern wenn du erkennst, was du wirklich brauchst – und was nicht.

Vom Haben zum Sein – der stille Wandel

In einer Welt, die dich ständig dazu anhält, mehr zu wollen – ein besseres Auto, ein größeres Haus, schönere Kleider, exotischere Urlaube – ist Bitcoin wie ein Reset-Knopf. Es bringt dich zurück zur Frage: Wofür eigentlich?

Denn während du lernst, langfristig zu denken, während du beginnst, deine Finanzen bewusster zu gestalten, wirst du sensibler für Überfluss. Du beginnst, Besitz zu hinterfragen. Du prüfst deine Kaufentscheidungen. Du hörst auf, Dinge zu kaufen, nur um dich kurz besser zu fühlen.

Du entdeckst: Der Impuls zu kaufen war oft ein Ersatz für etwas anderes – für Ruhe, für Selbstwert, für Orientierung. Und plötzlich beginnt dein Blick sich zu klären. Du siehst die Mechanismen – und du befreist dich von ihnen.

Bitcoin lädt dich ein, deine Prioritäten neu zu ordnen

Weil Bitcoin nicht inflationär ist, beginnst du, den Wert deiner Zeit und deiner Energie anders zu betrachten. Du willst nicht mehr Geld für Dinge tauschen, die dir eigentlich gar nicht wichtig sind. Du willst deine Lebenszeit nicht länger für sinnlosen Konsum opfern.

Diese Erkenntnis wirkt weit über dein Konto hinaus. Du richtest deine Aufmerksamkeit auf das Wesentliche. Auf Qualität statt Quantität. Auf das, was bleibt – nicht das, was nur glänzt.

Und dabei spürst du: Weniger Besitz bedeutet mehr Raum. Mehr Raum für dich. Für Begegnung. Für Kreativität.

Für echten Reichtum – den, der nicht in Schaufenstern liegt, sondern in deiner Haltung.

Dein neuer Reichtum: Fokus, Klarheit, Bewusstheit

Der Besitz von Bitcoin verändert nicht nur dein Denken über Geld, sondern auch über Werte. Du erkennst, dass es nicht darum geht, alles zu haben – sondern zu wissen, was wirklich zählt.

Du wirst achtsamer mit deinen Ausgaben. Du triffst Entscheidungen nicht mehr impulsiv, sondern aus einem Gefühl der Klarheit. Du wirst sensibel für das, was dir Energie gibt – und das, was dir Energie nimmt.

Und mit jeder Entscheidung, weniger zu konsumieren, mehr zu reflektieren, klarer zu leben – wächst dein innerer Reichtum. Du fühlst dich freier. Leichter. Wahrhaftiger.

Du brauchst nicht mehr, um mehr zu sein

Minimalismus ist keine Askese. Es geht nicht darum, alles loszuwerden. Es geht darum, dich von dem zu lösen, was du nicht mehr brauchst – innerlich wie äußerlich. Oder von Beginn weg zu spüren, das was ich mir jetzt kaufen möchte,

möchte ich das wirklich oder ist es nur eine Ersatzhandlung für etwas? Und vielfach merkst du auch, dass je mehr du dir leisten könntest, desto weniger kaufst du dir "Dinge". Weil du verstehst, dass echter Wert nicht in Konsum liegt, sondern in Freiheit.

Vielleicht ist es das Abo, das du nie nutzt. Vielleicht die Schublade voller Zeug, das du nie brauchst. Vielleicht auch die Meinung anderer, die du jahrelang mitgeschleppt hast.

Bitcoin bringt dich immer wieder zurück zu dir. Es fragt dich nicht: Was kannst du dir leisten? Es fragt dich: Was ist dir wirklich etwas wert?

Und während du beginnst, weniger zu besitzen, beginnst du, mehr zu sein. Nicht für andere – sondern für dich.

Und das ist der wahre Reichtum.

> „Es geht nicht darum, ob du fällst – sondern
> ob du lernst, wieder aufzustehen."

Kaum ein Thema wird in der Welt von Bitcoin so unterschätzt wie das der inneren Widerstandskraft. Und kaum etwas wird so sehr geprüft wie genau diese Fähigkeit. Denn wer sich auf Bitcoin einlässt, begibt sich nicht nur auf ein ungewohntes Abenteuer der Eigenverantwortung, sondern auf einen Weg, der dich emotional, mental und charakterlich herausfordert.

Die Volatilität des Marktes ist kein technisches Detail. Sie ist eine Einladung. Eine Einladung, deine emotionale Reife zu stärken. Eine Einladung in jeder Kursphase das Geschenk und das Beste zu sehen. Deine Gelassenheit zu entwickeln. Und deine Fähigkeit zu trainieren, auch dann weiterzugehen, wenn andere längst ausgestiegen sind.

Die Kraft, mit Unsicherheit zu leben

Volatilität bedeutet Schwankung. Auf und ab. Euphorie und Panik im schnellen Wechsel. Wenn du Bitcoin hältst, wirst du diese Wellen spüren – in deinem Konto, aber noch viel mehr in dir. Du wirst Angst haben. Du wirst zweifeln. Du wirst dich fragen, ob du einen Fehler gemacht hast.

Und genau hier liegt deine Chance: nicht im perfekten Timing, sondern im bewussten Durchhalten. Nicht im Vermeiden von Verlusten, sondern im Reifen an den Herausforderungen.

Widerstandsfähigkeit ist nicht, dass du unberührt bleibst. Sie bedeutet: du fühlst – und gehst trotzdem weiter. Du zitterst – aber du fließt. Du zweifelst – aber du gibst nicht auf.

Verlustangst – und die Kunst, loszulassen

Einer der größten Prüfsteine auf deinem Weg mit Bitcoin ist die Angst, etwas zu verlieren. Geld. Sicherheit. Anerkennung. Kontrolle. Diese Angst ist uralt. Sie sitzt tief. Und Bitcoin bringt sie an die Oberfläche.

Der Markt fällt – und mit ihm deine Fassade von Kontrolle. Doch was, wenn genau das dein Geschenk ist? Wenn nicht der Kurs sinkt, sondern dein falsches Bild von Sicherheit? Wenn nicht dein Portfolio verliert, sondern deine Illusion?

Du lernst, mit dem umzugehen um in dieser Phase wieder günstig einkaufen zu können. Und das macht auch auch emotional etwas mit dir. Du wirst gelassener. Du lernst, loszulassen. Du lernst, dir zu vertrauen – nicht auf den nächsten Pump, sondern auf dich.

Auf deine Klarheit. Auf deine Resilienz.

Druck als Entwicklungskraft

Widerstandsfähigkeit wächst nicht im Komfort. Sie wächst im Druck. Im Feuer. In der Reibung. Wenn du mit Bitcoin durch einen Bärenmarkt gehst, durch mediale Skepsis, durch familiäre Zweifel, dann formt sich etwas in dir. Nicht Härte – sondern Tiefe. Nicht Panzer – sondern Bewusstsein.

Du beginnst, nicht nur zu reagieren, sondern zu reflektieren. Nicht zu flüchten, sondern zu bleiben. Du beginnst zu verstehen: Der Druck formt dich nicht zum Opfer – sondern zur Gestalterin.

Diese Erfahrung geht weit über Bitcoin hinaus. Sie verändert, wie du mit Kritik umgehst. Du lernst bei dir zu bleiben im Sturm und Menschen zu trotzen die keine Ahnung nur Meinungen haben. Auch wenn es im ersten Moment inneres Chaos gibt.

Du lernst, dich zu halten. In dir. Für dich. Trotz allem.

Die Weisheit der Zyklen

Bitcoin ist zyklisch. Märkte steigen, Märkte fallen. Es gibt
Boom und Baisse. Das ist kein Versagen – es ist Natur. Leben
ist zyklisch. Auch dein Leben. Auch dein Wachstum.

Wenn du das erkennst, wirst du milder mit dir. Du hörst auf, in
linearen Erfolgsmodellen zu denken. Du erlaubst dir Rück-
schritte. Pausen. Innere Umwege. Und du erkennst: Gerade in
den tiefsten Tälern wächst die stärkste Wurzelkraft. Sei gedul-
dig, achtsam und lieb mit dir.

Was in der Krise entsteht, ist oft das, was
dich ein Leben lang trägt.

Von außen geschüttelt – von innen getragen

Widerstandsfähigkeit ist die Fähigkeit, von außen erschüttert
zu werden – ohne innerlich zusammenzubrechen. Es ist die
Kunst, dich selbst zu halten, wenn nichts hält. Es ist die Entscheidung, dem Leben zu vertrauen – nicht weil es einfach ist,
sondern weil du gewachsen bist.

Bitcoin macht dich nicht immun gegen Rückschläge. Aber es
macht dich sensibel für Wachstum. Es zeigt dir, dass jede Unsicherheit ein Lehrmeister ist. Und dass du weit mehr tragen
kannst, als du dachtest.

Du beginnst, Herausforderungen nicht mehr zu fürchten, sondern zu nutzen. Nicht mehr abzuwarten, sondern zu gestalten.
Nicht mehr zusammenzubrechen – sondern aufzustehen.

Und genau das ist wahre Stärke.

„Nicht die Stärksten überleben, sondern jene, die bereit sind, sich zu verändern." –
Charles Darwin

Wenn du dich mit Bitcoin beschäftigst, wirst du unweigerlich mit Veränderung konfrontiert. Technologisch, gesellschaftlich, finanziell – aber vor allem innerlich. Denn Bitcoin ist kein starres Konstrukt, sondern ein lebendiges System. Man könnte auch geneigt sein zu sagen, Volatilität ist Vitalität. Ein System, das dich auffordert, mitzuwachsen. Flexibler zu werden. Denkgewohnheiten zu überprüfen. Und dich selbst immer wieder neu zu erfinden.

Anpassungsfähigkeit ist in dieser Welt keine Schwäche. Sie ist die neue Superkraft. Und Bitcoin ist ein radikales Trainingsfeld dafür. Weil es keine Rücksicht auf deine Komfortzone nimmt. Weil es sich nicht anpasst – sondern dich dazu einlädt, dich weiterzuentwickeln.

Die Angst vor Veränderung – und der Weg hindurch

Veränderung macht uns oft Angst. Sie konfrontiert uns mit Unbekanntem. Mit Kontrollverlust. Mit der Notwendigkeit, Altes loszulassen, ohne zu wissen, was wirklich kommt. Das fühlt sich unsicher an. Manchmal bedrohlich. Und doch ist es der natürliche Weg des Lebens: alles Lebendige verändert sich. Was sich nicht mehr verändert, ist tot.

Bitcoin lehrt dich das auf seine ganz eigene Weise. Der Kurs schwankt. Die Narrative verändern sich. Neue Technologien entstehen. Und du stehst mittendrin – immer wieder eingeladen, dich zu öffnen. Nicht blind – aber bereit. Nicht naiv – aber neugierig.

Veränderung ist kein Risiko – Stillstand ist es.

Innovation als Haltung – nicht als Technik

Viele denken bei Innovation an Technik. Doch wahre Innovation beginnt im Kopf – und im Herzen. Sie bedeutet: Du bist bereit, neu zu denken. Anders zu fühlen. Dinge zu verlernen, die dir einst Sicherheit gaben.

Bitcoin konfrontiert dich mit Konzepten, die deinem bisherigen Weltbild widersprechen. Es stellt Fragen wie:

- Muss Geld zentral gesteuert werden?
- Ist Inflation wirklich notwendig?
- Wer entscheidet, was wahr ist?

Diese Fragen erschüttern. Sie provozieren. Und sie laden dich ein, selbst eine Antwort zu finden. Nicht aus Trotz. Sondern aus Eigenverantwortung. Aus innerer Reife.

Du merkst: Innovation heißt nicht nur, Neues zu lernen. Es heißt auch, das Alte zu hinterfragen. Nicht, um es abzulehnen – sondern um herauszufinden, ob es dir noch dient.

Anpassungsfähigkeit – die Kunst, beweglich zu bleiben

In einer sich rasch wandelnden Welt brauchst du keine starren Konzepte. Du brauchst innere Beweglichkeit. Die Fähigkeit, dich auf Neues einzulassen, ohne dich selbst zu verlieren. Und die Stärke, klare Entscheidungen zu treffen – auch unter Unsicherheit.

Bitcoin lehrt dich, mit dieser Unsicherheit zu leben. Es lädt dich ein, nicht an der Vergangenheit zu hängen, sondern dich in der Gegenwart zu verankern. Es zeigt dir, dass du nicht immer alles kontrollieren musst – aber dass du jederzeit entscheiden kannst, wie du dich auf Wandel einstellst.

Anpassungsfähigkeit bedeutet nicht, alles mitzumachen – sondern bewusst zu wählen, was mit dir wachsen darf.

Evolution beginnt bei dir

Wenn du dich auf Bitcoin einlässt, beginnst du zu spüren: Es verändert nicht nur deine Sicht auf Geld. Es verändert deine Haltung zum Leben. Du beginnst, agiler zu denken. Du wirst kreativer in Krisen. Du suchst nicht mehr nach starren Sicherheiten – sondern entwickelst innere Stabilität in der Bewegung.

Du wirst unabhängiger von äußeren Strukturen. Du beginnst, dich als Teil eines größeren Prozesses zu verstehen – eines globalen, technologischen, menschlichen Wandels. Und du spürst: Du kannst mitgehen. Du kannst mitgestalten. Du kannst wachsen.

Nicht, weil du alles weißt. Sondern weil du bereit bist, zu lernen.

Mut zur Erneuerung – die Entscheidung für Lebendigkeit

Stagnation fühlt sich manchmal sicher an. Aber sie macht dich langsam. Schwer. Müde. Lebendigkeit dagegen bedeutet Risiko. Bewegung. Offenheit.

Bitcoin bringt dich immer wieder in Kontakt mit dieser Lebendigkeit. Mit dem Moment, wo du nicht sicher weißt, was richtig ist – aber du spürst, dass du aufbrechen musst. Dass das Alte nicht mehr trägt. Dass dein Wachstum dich ruft.

Diese Momente sind kostbar. Sie machen dich nicht nur klüger. Sie machen dich lebendiger. Und sie zeigen dir: Du bist nicht am Ende. Du bist am Anfang.

Am Anfang einer neuen Version deiner selbst.

„Freiheit heißt nicht, alles tun zu können –
sondern niemanden zu brauchen, um ganz
zu sein.“

Unabhängigkeit ist eines der großen Versprechen der modernen Welt. Und doch leben viele Menschen in subtilen, kaum sichtbaren Abhängigkeiten. Vom System. Vom Arbeitgeber. Vom monatlichen Gehalt. Vom Urteil anderer. Von der vermeintlichen Sicherheit, dass sich schon jemand kümmern wird. Doch wahre Unabhängigkeit beginnt nicht da draußen – sie beginnt in dir.

Bitcoin ist ein radikaler Spiegel dieser Wahrheit. Es verspricht dir keine einfache Freiheit. Es zwingt dich nicht, selbstständig zu werden. Aber es bietet dir die Bühne, auf der du deine Selbstständigkeit entwickeln kannst – Schritt für Schritt. Ohne Applaus. Ohne Anleitung. Und genau deshalb so kraftvoll.

Abhängigkeit erkennen – der erste Schritt zur Befreiung

Viele Menschen merken gar nicht, wie abhängig sie leben. Abhängig von Mann oder Familie. Von Arbeitgebern und Gehaltserhöhungen. Von staatlichen Förderungen. Von Meinungen. Von Routinen. Von Versprechen. Diese Abhängigkeiten sind oft bequem. Sie geben Struktur. Sie schützen vor

Verantwortung. Doch sie machen klein. Still. Angepasst. Wichtig ist, die Abhängigkeiten bewusst zu erkennen, zu Entscheiden welche du direkt loslösen kannst und welche du noch nicht ganz eliminieren kannst.

Totale Unabhängigkeit ist ein Stück weit auch eine Illusion. Aber es geht wirklich ums Erkennen. Das ist zentral.

Wenn du dich mit Bitcoin beschäftigst, beginnst du, diese stillen Verstrickungen zu sehen. Du fragst dich:

- Wem gehört mein Geld wirklich?
- Was passiert, wenn mein Konto eingefroren wird?
- Wie sicher ist meine Altersvorsorge?
- Und: Was, wenn niemand mich auffängt?

Diese Fragen erschrecken – aber sie befreien. Denn sie holen dich aus der Passivität. Sie machen dir bewusst: Es ist an dir, dein Leben zu gestalten. Nicht weil du musst, sondern weil du darfst.

Selbstständigkeit als innere Bewegung

Unabhängigkeit bedeutet nicht, alles allein zu machen. Es bedeutet, Entscheidungen aus einer inneren Klarheit zu treffen. Es bedeutet, dich nicht mehr von Angst treiben zu lassen. Und es bedeutet, dir selbst zu vertrauen – auch wenn du noch nicht alle Antworten hast.

Bitcoin zeigt dir das auf sehr konkrete Weise:

- Du verwaltest dein Geld selbst.
- Du bildest dich selbst weiter.
- Du triffst Entscheidungen – ohne Garantie.

Das ist nicht bequem. Aber es ist lebendig. Du spürst, wie du wächst. Wie du dein Fundament stärkst. Wie du vom Konsumenten zur Gestalterin wirst.

Jede Handlung aus Selbstständigkeit ist ein Akt innerer Würde.

Freiheit ist nicht gegeben – sie wird gebaut

Viele wünschen sich Freiheit. Aber sie übersehen, dass Freiheit nicht bedeutet, frei von allem zu sein. Sondern frei zu sein, um Verantwortung zu tragen. Um dich selbst zu versorgen. Um Nein sagen zu können – weil du ein eigenes Ja in dir trägst.

Bitcoin ist dafür ein lebendiges Symbol. Es funktioniert nicht, wenn du dich nicht kümmerst. Es schützt dich nicht, wenn du dich nicht vorbereitest. Es belohnt dich nicht für Gehorsam, sondern für Verständnis, Achtsamkeit, Eigenverantwortung.

Diese Haltung überträgt sich auf dein Leben. Du beginnst, auch andere Bereiche in die Hand zu nehmen:

- Deine Zeit.
- Deine Gesundheit.
- Deine Beziehungen.
- Deine Grenzen.

Und mit jeder Entscheidung, dein Leben eigenverantwortlich zu führen, wächst deine innere Freiheit.

Unabhängigkeit ist kein Ziel – sie ist ein Weg

Du wirst nicht eines Morgens aufwachen und vollkommen unabhängig sein. Es ist ein Prozess. Einer, der mit kleinen Schritten beginnt, oder schon seit längerem mit den Gedanken die du dir dazu machst, begonnen hat. Die Facetten sind umfangreich und nicht bei allen gleich. Die einen versuchen alles auf eigene Faust zu machen, andere nehmen gerne Hilfe in Anspruch von Menschen, die in ihrer Unabhängigkeit schon da sind wo sie hin möchten und sie auf dem Weg begleiten. Es ist ganz individuell, jedoch in diesem Space ist es oftmals so, dass der schnellste Weg Geld zu verlieren, der Versuch ist, alles alleine zu machen.

Der Weg zur Unabhängigkeit verändert etwas in dir. Sie stärken deine Wirbelsäule. Deine Stimme. Deine Haltung. Aber nicht um jeden Preis.

Du wirst deine eigene Bank – aber auch deine eigene Führung

Ein oft zitierter Satz in der Bitcoin-Welt lautet: „Be your own bank." Doch es geht um mehr. Es geht nicht nur darum, dein eigenes Geld zu verwalten. Es geht darum, dein eigener innerer Kompass zu werden. Deine eigene Instanz. Deine eigene Führung.

Und das ist keine Technikfrage. Das ist Persönlichkeitsentwicklung pur. Es ist der Schritt heraus aus der Kind-Rolle – hinein in ein Leben als erwachsener Mensch, der nicht nur Rechte einfordert, sondern auch bereit ist, Verantwortung zu tragen.

Dein Fundament – klar, ehrlich, tragfähig

Mit jedem Schritt in deine Unabhängigkeit baust du ein neues Fundament. Es besteht nicht aus Stein oder Geld. Es besteht aus Integrität. Aus Wissen. Aus Vertrauen in dich selbst. Und aus der Bereitschaft, weiterzulernen.

Dieses Fundament ist nicht unerschütterlich – aber es ist lebendig. Es trägt dich. Und es wächst mit dir. Weil du es gebaut hast. Weil du es gewählt hast. Weil du es lebst.

Und genau darin liegt der tiefste Ausdruck deiner persönlichen Freiheit.

> „Disziplin ist die Brücke zwischen Zielen
> und deren Erfüllung." *– Jim Rohn*

Selbstdisziplin klingt für viele nach Strenge, Verzicht und Anstrengung. Doch wer sich ernsthaft auf die Reise mit Bitcoin einlässt, entdeckt schnell: Selbstdisziplin ist keine Einschränkung – sie ist Freiheit in Aktion. Sie ist die bewusste Entscheidung, kurzfristige Versuchungen zugunsten langfristiger Ziele loszulassen. Und sie ist eine tägliche Praxis, die dich innerlich stärkt, zentriert und dir Klarheit schenkt. Delayed Gratification und damit das Pendant zur in Kapitel 7 beschriebenen Instant Gratification von der wir uns verabschiedet haben.

Bitcoin belohnt nicht das schnelle Handeln, sondern das geduldige Halten. Wer HODLt – also langfristig an seinen Überzeugungen festhält – entscheidet sich gegen kurzfristige Emotionen und für einen größeren Sinn. Diese Entscheidung ist nicht immer leicht. Aber sie formt dich.

HODLn – mehr als nur Halten

Der Begriff „HODL" stammt ursprünglich aus einem Tippfehler und wurde zur Bewegung. Doch inzwischen steht er für viel mehr: für Disziplin, innere Stabilität und eine ganz neue Form der Selbstführung und Eigenverantwortung. HODLn bedeutet, sich nicht vom Rauschen der Märkte, vom Lärm der

Schlagzeilen oder von der eigenen Gier leiten zu lassen. Es bedeutet, einen Standpunkt einzunehmen – und dabei zu bleiben. Nicht starr, aber standhaft.

Diese Praxis lässt sich nicht auf den finanziellen Bereich beschränken. Sie greift über auf dein gesamtes Leben:

- Wie oft gibst du zu früh auf?
- Wie oft handelst du aus Impuls statt aus Intention?
- Wie oft lässt du dich ablenken – vom Wesentlichen?

Selbstdisziplin ist der Muskel, den du trainierst, wenn du HODLst. Und dieser Muskel wird mit der Zeit zum inneren Halt.

Der tägliche Kampf zwischen Jetzt und Später

Jeden Tag stehst du vor Entscheidungen: Jetzt kaufen oder warten? Jetzt verkaufen oder vertrauen? Jetzt konsumieren oder sparen? Jetzt nachgeben oder aufstehen? Diese Fragen berühren nicht nur dein Portfolio – sie berühren deine Seele.

Denn hinter jeder Entscheidung für später steckt ein kleines Opfer im Jetzt. Du verzichtest auf schnelle Dopamin-Kicks. Auf den kurzfristigen „Sieg".

Aber du gewinnst etwas viel Größeres: Charakter. Tiefe. Stärke.

Die Kraft der bewussten Begrenzung

In einer Welt, die dir ständig „mehr" verspricht – mehr Optionen, mehr Konsum, mehr Ablenkung – ist freiwillige Begrenzung ein revolutionärer Akt. Du sagst Nein, wo andere Ja schreien. Du hältst durch, wo andere wanken. Du gehst weiter, wo andere aufgeben.

Bitcoin ist wie ein Spiegel deiner inneren Disziplin. Wenn du es leichtfertig behandelst, wirst du schnell frustriert sein. Wenn du es mit Klarheit und langfristiger Ausrichtung lebst, wird es zu einem Kompass. Es zeigt dir: Nicht alles, was du kannst, musst du tun. Nicht alles, was möglich ist, ist auch sinnvoll.

Disziplin schenkt dir Raum. Fokus. Und Freiheit von dem, was dich sonst zerstreut.

Selbstdisziplin als Selbstfürsorge

Oft wird Disziplin mit Härte verwechselt. Doch wahre Disziplin kommt aus Liebe. Sie ist die Entscheidung, für dich selbst einzustehen. Für deine Träume. Für deine Werte. Für deine Zukunft.

Wenn du Bitcoin HODLst, sagst du Ja zu einer Vision. Zu einem Ziel, das größer ist als die Versuchung des Moments. Du baust damit nicht nur Vermögen auf – du baust Vertrauen auf. In dich. In deine Entscheidungen. In deinen Weg.

Und plötzlich erkennst du: Disziplin ist nicht hart – sie ist weich, still, stark. Sie gibt dir eine Struktur, in der du dich entfalten kannst. Sie ist kein Zwang – sondern ein Geschenk an dein zukünftiges Ich.

Die neue Selbstverständlichkeit

Was am Anfang schwer war, wird irgendwann selbstverständlich. Du musst nicht mehr jeden Tag ringen – weil du weißt, wofür du es tust. Deine Disziplin wird zu deiner Identität. Du beginnst, dich selbst als Mensch zu sehen, der durchhält. Der sich selbst führen kann. Der auf sich selbst zählen kann.

Und genau das ist der Wendepunkt: Wenn du nicht mehr Disziplin „ausübst", sondern wenn du zu einem disziplinierten Menschen wirst – aus Überzeugung, aus Klarheit, aus Liebe zu dir selbst.

Denn du weißt: Dein größter Reichtum ist nicht, was du hast – sondern wer du auf diesem Weg wirst.

> „Wer nach außen schaut, träumt. Wer nach
> innen blickt, erwacht." – *Carl Gustav Jung*

Wenn du mit Bitcoin beginnst, denkst du vielleicht zuerst an Technik. An Märkte. An Preisentwicklungen. Vielleicht sogar an einen Ausweg aus dem traditionellen Finanzsystem. Doch irgendwann – und das ist fast unausweichlich – verändert sich dein Fokus. Du schaust nicht mehr nur auf die äußere Welt. Du beginnst, dich selbst zu betrachten.

Was als Interesse an digitalem Geld beginnt, wird zur Reise zu dir selbst. Bitcoin konfrontiert dich mit Fragen, die unglaublich viel tiefer gehen als Zahlen und Strategien. Es bringt dich dorthin, wo deine Werte wohnen. Deine Ängste. Deine Überzeugungen. Und vielleicht zum ersten Mal: zu der Frage, wer du wirklich bist.

Das Rabbit Hole nach innen

Viele beschreiben ihren Einstieg in Bitcoin als das „Rabbit Hole" – ein endloser, tiefer werdender Tunnel voller Entdeckungen. Und ja, es beginnt oft außen: Wie funktioniert Bitcoin? Wer hat es erfunden? Was ist Blockchain? Doch je länger du auf dieser Reise bist, desto tiefer führt sie dich in dein Innerstes.

Du fragst dich plötzlich:

- Wem kann ich wirklich vertrauen?
- Was bedeutet Freiheit für mich?
- Bin ich bereit, die Verantwortung für mein Leben zu übernehmen?
- Was ist mir wirklich wichtig?

Diese Fragen sind unbequem. Sie machen dich verletzlich. Sie entkleiden dich von deinen Ausreden. Aber genau deshalb sind sie so kraftvoll. Denn sie bringen dich in Kontakt mit dem Teil von dir, der nicht angepasst ist. Nicht konditioniert. Nicht brav.

Bitcoin zeigt dir nicht, wer du sein sollst – sondern fragt dich, wer du wirklich bist oder wer du sein willst!

Freiheit beginnt im Denken

Eine der zentralen Fragen, die Bitcoin in dir auslöst, ist: Was bedeutet eigentlich Freiheit? Ist es, mehr Geld zu haben? Ist es, unabhängig zu sein? Ist es, keinem Chef Rechenschaft ablegen zu müssen? Jederzeit an einen Sehnsuchtsort auf der Welt reisen zu können? Beziehungen von jetzt auf gleich beenden?

Oder ist es vielleicht viel grundlegender: Die Freiheit, deine eigenen Gedanken zu denken?

Deine eigene Wahrheit zu spüren? Deinen eigenen Weg zu gehen – ohne dich dafür rechtfertigen zu müssen?

Bitcoin konfrontiert dich mit diesen Fragen nicht über Nacht. Es ist ein Prozess. Doch je länger du mit diesem neuen Geldsystem lebst, desto stärker spürst du: Es verändert nicht nur dein Denken über Geld – sondern dein Denken über dich.

Du wirst achtsamer. Du beobachtest, wie du reagierst. Du erkennst deine Muster. Deine Ängste. Deine Begrenzungen. Und plötzlich merkst du: Diese Reise ist viel größer, als du dachtest. Du bist nicht nur in ein Rabbit Hole gefallen – du bist auf dem Weg zu dir selbst.

Der Spiegel deiner inneren Welt

Bitcoin urteilt nicht. Es bewertet dich nicht. Aber es spiegelt dich. Deine Ungeduld. Deine Hoffnung. Deine Gier. Deine Angst. Und in diesem Spiegel kannst du dich erkennen – ehrlich, roh, echt.

Und wenn du dich erkennst, kannst du dich verändern. Nicht aus Druck, sondern aus Freiheit. Du beginnst, Entscheidungen zu treffen, die aus dir selbst kommen. Du hörst auf, dich anzupassen. Du beginnst, dich zu fragen:

- Welche Stimme ist wirklich meine?
- Lebe ich aus Überzeugung – oder aus Gewohnheit?
- Was ist mein Beitrag in dieser Welt?

Die heilsame Kraft der Reflexion

In einer Welt voller Ablenkung und Beschleunigung ist Reflexion ein revolutionärer Akt. Du nimmst dir Zeit. Du wirst still. Du hörst hin. Nicht auf die Kurse – sondern auf dein Herz. Nicht auf Prognosen – sondern auf dein Gefühl. Du beginnst, deine Geschichte zu durchschauen. Die Narrative, die du übernommen hast. Die Glaubenssätze, die du nie geprüft hast. Die Rollen, die du spielst.

Und du erkennst: Du kannst sie loslassen. Du kannst neu wählen. Du kannst dich neu schreiben. Du kannst dich Fragen: "Wie will ich es haben".

Diese Erkenntnis ist nicht laut. Sie kommt oft in Momenten der Stille. Beim Spazierengehen. Beim Lesen. Beim Nachdenken über einen Kursabsturz – und was er in dir auslöst. Und plötzlich merkst du: Es geht gar nicht mehr um Bitcoin. Es geht um dich.

Um dein inneres Fundament.
Deine Integrität.
Deine Wahrheit.

Am tiefsten Punkt beginnt die Freiheit

Vielleicht hast du auf dieser bisherigen Reise Momente der
Unsicherheit erlebt. Vielleicht bist du durch Zweifel gegangen.
Durch Angst. Durch Enttäuschung. Durch innere Konflikte.
Und gerade dort – wo es weh tat, wo es still wurde, wo du
dich nackt fühltest – hast du etwas entdeckt, das unbezahlbar
ist: dich selbst.

Nicht als Konzept. Nicht als Rolle. Sondern als fühlender, den-
kender, freier Mensch.

Und genau das ist die tiefste Transformation: Wenn du erkennst, dass das größte Rabbit Hole nicht im Außen liegt –
sondern in dir.

> „Alles, was du je wolltest, liegt jenseits deiner Komfortzone." **– Robert Allen**

Die Komfortzone – dieser warme, vertraute Raum, in dem alles bekannt, sicher und steuerbar scheint. Hier fühlen wir uns wohl. Hier wissen wir, wie der Alltag funktioniert. Hier bleiben wir – manchmal Jahre, manchmal ein ganzes Leben. Bis etwas kommt, das uns aufweckt. Herausfordert. Beunruhigt.

Bitcoin ist genauso ein Katalysator. Es ist kein System für Menschen, die alles beim Alten lassen wollen. Es ist ein radikaler Anstoß, das eigene Denken zu hinterfragen, finanzielle Gewohnheiten zu prüfen und sich mit Unsicherheit aktiv auseinanderzusetzen. Bitcoin drängt dich nicht – aber es lässt dich spüren: Da draußen, außerhalb deiner bekannten Muster, beginnt das echte Leben.

Die Illusion der Sicherheit

Die Komfortzone gaukelt uns Sicherheit vor. Sie sagt: „Bleib hier, alles ist geregelt." Aber das ist nur die halbe Wahrheit. Denn diese Sicherheit ist oft erkauft – mit Abhängigkeit, mit Anpassung, mit dem Preis deiner Lebendigkeit. Wir wissen wovon wir sprechen, wir haben die Illusion der Sicherheit in den letzten 10 Jahren zweimal verlassen.

Manche erklärten uns für verrückt, vielleicht weil sie sich zwar die Gedanken schon gemacht haben, den Schritt aber nicht gewagt haben.

Viele Menschen fürchten sich nicht wirklich vor Risiko – sie fürchten sich vor Veränderung. Vor dem Schritt ins Ungewisse. Vor dem Verlust der Kontrolle. Doch genau dort, wo du nicht alles kontrollieren kannst, beginnt dein inneres Wachstum. Wachstum zu Eigenverantwortung, zu neuen Möglichkeiten.

Bitcoin konfrontiert dich mit dieser Ungewissheit. Der Markt schwankt. Die Technik ist neu. Die Verantwortung liegt bei dir. Und plötzlich bist du nicht mehr Konsumentin – sondern Gestalterin. Das ist nicht bequem, aber es ist echt. Es ist lebendig. Es ist der Moment, in dem du beginnst, deine Selbstwirksamkeit zu erfahren.

Die Komfortzone schützt dich vor Schmerz
– aber auch vor Entwicklung.

Wachstum fühlt sich selten komfortabel an

Wirkliche Veränderung ist nie bequem. Sie fordert dich. Sie irritiert dich. Sie bringt dich an deine Grenzen – und darüber hinaus. Bitcoin bringt genau diese Momente in dein Leben:

- Wenn du dein erstes Wallet einrichtest und zum ersten Mal spürst, was Selbstverantwortung wirklich heißt.

- Wenn du trotz Unsicherheit investierst, weil du auf dein Wissen und deine Intuition vertraust.
- Wenn du durch einen Crash gehst – und zum ersten Mal bei dir bleibst.

Jeder dieser Momente reißt ein Stück Komfortzone ein. Und jedes Stück, das fällt, gibt dir mehr Raum für das, was wachsen will: deine Eigenständigkeit, deine Klarheit, deine innere Stärke. Du beginnst zu spüren, dass du dich nicht mehr so schnell von äußeren Meinungen, vom Mainstream oder von innerer Angst beeinflussen lässt. Du entwickelst Rückgrat – nicht gegen die Welt, sondern für dich selbst. Und immer wieder die Erfahrung zu machen "Je mehr Wissen du hast desto weniger die Angst, desto stärker das Vertrauen".

Du brauchst keine Perfektion – du brauchst Mut

Viele Menschen bleiben in der Komfortzone, weil sie glauben, nicht bereit zu sein. Nicht klug genug. Nicht technisch genug. Nicht sicher genug. Doch das ist ein Trugschluss. Du musst nicht alles wissen. Du musst nicht perfekt sein. Du musst nur bereit sein, zu lernen. Den ersten Schritt zu gehen.

Bitcoin lebt von Learning by Doing. Von Erfahrungen, nicht von Perfektion. Und genau das macht es so kraftvoll. Es zwingt dich, ins Tun zu kommen. Es schenkt dir kleine, aber bedeutsame Erfolgserlebnisse. Es zeigt dir: Du kannst mehr, als du dachtest – wenn du den ersten Schritt wagst. Und der erste Schritt ist nie groß. Es ist ein Klick. Ein Gespräch. Ein neuer Gedanke.

Wachstum beginnt dort, wo Ausreden
enden.

Unsicherheiten umarmen – statt vermeiden

Der Unterschied zwischen Menschen, die wachsen, und jenen, die stagnieren, ist oft nicht Talent – sondern die Bereitschaft, Unsicherheit auszuhalten. Bitcoin ist keine Maschine, die dir Belohnungen garantiert. Es ist ein lebendiges System, das dir Raum gibt, dich selbst zu erfahren.

Du lernst, mit Schwankungen zu leben. Mit Zweifeln. Mit kritischen Stimmen von außen. Du hörst auf, dich festzuhalten – und beginnst, dich zu bewegen. Nicht im Chaos, sondern im Vertrauen. Nicht panisch, sondern präsent.

Mit jedem Schritt, den du aus deiner Komfortzone machst, verändert sich dein Blick auf dich selbst. Du wirst offener. Resilienter. Und gleichzeitig gelassener. Du beginnst, Unsicherheit nicht als Bedrohung zu sehen, sondern als Einladung. Als Wachstumsfeld. Als Lehrer.

Jenseits der Komfortzone liegt deine Wahrheit

Vielleicht hast du dein ganzes Leben in „Sicherheit" verbracht – finanziell, emotional, sozial. Und jetzt spürst du: Das reicht nicht mehr. Du willst nicht mehr nur angepasst sein.

Nicht mehr nur abgesichert.
Du willst lebendig sein.
Wahrhaftig.
Frei.

Bitcoin zwingt dich nicht – aber lädt dich ein. Gibt dir ein Spielfeld, auf dem du herausfinden kannst, wer du wirklich bist,
wenn du nicht mehr festhältst. Es zeigt dir, dass das Risiko oft
nur in deinem Kopf liegt – und dass dein Mut größer ist als
deine Angst.

Du lernst, Entscheidungen zu treffen – nicht, weil du alles
weißt, sondern weil du genug weißt, um zu handeln. Du lernst,
deiner Intuition zu folgen – auch wenn sie nicht dem entspricht, was alle anderen tun. Du lernst, Verantwortung zu
übernehmen – nicht aus Zwang, sondern aus der tiefen
Freude, dein Leben selbst zu gestalten.

Denn nur außerhalb der Komfortzone wirst du zu der, die du
wirklich bist. Und genau dort – in diesem neuen, ehrlichen,
aufregenden Raum – beginnt deine wahre Freiheit.

> „Fülle ist kein Kontostand – es ist eine
> Haltung zum Leben.“

Bitcoin hat viele Facetten. Es ist ein Netzwerk. Ein Geldsystem. Eine Idee. Aber vielleicht ist es vor allem eines: eine Schule für dein Denken. Denn was nützt das beste System, wenn dein inneres Betriebssystem im Mangelmodus läuft? Was nützt dir neue Freiheit, wenn du im Kopf noch in alten Beschränkungen gefangen bist?

Mangeldenken ist tief in unserer Gesellschaft verankert. Es zeigt sich subtil: „Das kann ich mir nicht leisten", „Das ist zu spät für mich", „Ich bin nicht gut genug", „Ich muss mich absichern". Und es zeigt sich laut – in Neid, in Vergleichen, in Angst vor Verlust.

Doch wer sich mit Bitcoin ernsthaft beschäftigt, kommt an diesen Denkmustern nicht vorbei. Du wirst mit ihnen konfrontiert. Und du wirst eingeladen, sie zu hinterfragen.

Vom Mangel zur Fülle – der mentale Quantensprung

Mangeldenken ist kein Urteil. Es ist ein Erbe. Vielleicht aus deiner Familie. Vielleicht aus deiner Geschichte. Vielleicht aus einem System, das uns beigebracht hat, dass es nie genug gibt: nicht genug Geld, nicht genug Sicherheit, nicht genug Liebe.

Fülledenken ist kein blindes Positivdenken. Es ist ein neues Fundament. Es bedeutet:

- Ich vertraue darauf, dass genug für mich da ist.
- Ich erkenne meinen Wert – unabhängig von äußeren Ergebnissen.
- Ich investiere nicht aus Angst, sondern aus Klarheit.
- Ich lasse los, was nicht mehr zu mir gehört.

Bitcoin fördert diese Haltung, weil es auf Knappheit basiert – und gleichzeitig unendliches Potenzial birgt. Es zeigt dir, dass Wert nicht durch Masse entsteht, sondern durch Qualität. Nicht durch Verfügbarkeit, sondern durch Bewusstsein.

Fülle beginnt, wenn du aufhörst zu glauben,
dass du etwas beweisen musst.

Langfristigkeit als Ausdruck von Vertrauen

Fülledenken zeigt sich nicht in impulsiven Gewinnen, sondern in langfristigen Entscheidungen. In der Bereitschaft, heute zu verzichten, weil du weißt, dass morgen entsteht. In der inneren Ruhe, nicht alles sofort haben zu müssen.

Bitcoin lehrt dich das ganz praktisch. Es belohnt die, die bleiben. Die, die Geduld haben. Die, die lernen, ihre Gier zu beobachten – ohne ihr zu folgen. Und die, die erkennen: Echte Freiheit entsteht nicht durch Geschwindigkeit, sondern durch Klarheit.

Ein Mindset für Fülle bedeutet, dich nicht länger klein zu halten. Nicht länger zu denken: „Das ist nichts für mich." Sondern: „Ich darf Teil davon sein. Ich darf mitgestalten. Ich darf wachsen."

Beobachte deine Gedanken – besonders bei hohen und tiefen Kursen

Dein Mindset zeigt sich nicht, wenn alles ruhig ist. Es zeigt sich, wenn es turbulent wird. Wenn der Bitcoin-Kurs neue Höhen erreicht – was passiert dann in dir? Spürst du Gier? Willst du plötzlich mehr? Hast du Angst, etwas zu verpassen? Oder kannst du dich freuen – ohne zu überreagieren?

Und wenn der Kurs fällt – was passiert dann? Fühlst du Panik? Selbstzweifel? Schuld? Willst du flüchten, verkaufen, aufgeben? Oder kannst du bleiben – wach, bewusst, ruhig?

Diese Momente sind wie Prüfsteine. Nicht für dein Wissen – sondern für dein Mindset. Sie zeigen dir, wo du stehst. Sie helfen dir, dein inneres System zu erkennen. Und sie laden dich ein, es zu verändern. Nicht durch Zwang – sondern durch Klarheit.

Ein Mensch im Mangel denkt beim Kursrückgang: „Ich verliere alles." Ein Mensch in Fülle denkt: „Ich bin dankbar, dass ich nachkaufen darf."

Loslassen von Angst und Kontrolle

Mangel ist oft nichts anderes als versteckte Angst. Angst, etwas zu verlieren. Angst, zu scheitern. Angst, nicht dazuzugehören. Doch hinter dieser Angst liegt ein Bedürfnis: gesehen zu werden. In Sicherheit zu sein. Genährt zu sein.

Bitcoin ist nicht die Antwort auf all deine Ängste – aber es ist ein Spiegel. Es zeigt dir, wo du dich noch festhältst. Wo du Kontrolle suchst, weil Vertrauen fehlt. Und es gibt dir die Möglichkeit, loszulassen. Schritt für Schritt. Nicht blind – aber offen.

Du kannst keine Fülle empfangen, solange
deine Hände mit Angst gefüllt sind.

Fülle ist ein innerer Zustand

Vielleicht beginnt es damit, dass du aufhörst, dich zu vergleichen. Dass du aufhörst, dich zu hetzen. Dass du beginnst, deiner Intuition Raum zu geben. Dass du Dinge tust, die dich nähren – nicht nur finanziell, sondern emotional, spirituell, menschlich.

Ein Mensch mit einem Mindset für Fülle denkt anders:

- Sie sieht Chancen, wo andere Grenzen sehen.
- Sie fragt: „Wie kann ich beitragen?" statt: „Was bekomme ich?"

- Sie investiert nicht nur Geld – sondern Vertrauen.
- Sie lebt nicht gegen etwas – sondern für etwas.

Bitcoin hilft dir dabei, diese Haltung zu kultivieren. Nicht weil es magisch ist, sondern weil es dich zwingt, Verantwortung zu übernehmen. Und aus dieser Verantwortung wächst Bewusstsein. Und aus Bewusstsein wächst Fülle.

Fülle ist dein natürlicher Zustand – wenn du bereit bist, ihn anzunehmen

Vielleicht wurdest du anders geprägt. Vielleicht hast du gelernt, dich klein zu machen. Vielleicht war Fülle lange etwas, das „die anderen" hatten. Aber jetzt ist die Zeit, dich neu zu entscheiden.

Nicht für naiven Optimismus. Sondern für die tiefe Gewissheit: Du bist genug. Du darfst empfangen. Du darfst wachsen. Du darfst loslassen, was nicht mehr zu dir passt. Du darfst dich trauen, groß zu denken – und groß zu handeln.

Denn dein Denken ist der Boden, auf dem du dein neues Leben baust. Und mit Bitcoin hast du ein Werkzeug gefunden, das dir hilft, diesen Boden zu nähren – von innen nach außen. Jeden Tag ein Stück mehr. Und das ist wahre Fülle.

„Du veränderst die Welt nicht, indem du
andere überredest. Du veränderst sie,
indem du dich veränderst."

Vielleicht hast du es nicht geplant. Vielleicht war dein Einstieg in Bitcoin ganz persönlich. Neugier. Frustration. Sehnsucht nach Freiheit. Und plötzlich findest du dich wieder in Gesprächen mit anderen. Sie stellen Fragen. Beobachten dich. Folgen deinem Weg. Und ohne es bewusst zu wollen, wirst du zum Vorbild.

Bitcoin macht etwas mit dir – und andere spüren das. Deine Klarheit, deine Entschlossenheit, deine neue Sprache, dein Umgang mit Geld und Risiko. Menschen sehen nicht nur, was du sagst. Sie spüren, wie du bist. Und genau darin liegt deine stille Macht.

Verantwortung beginnt mit dir – aber endet nicht dort

Verantwortung zu übernehmen bedeutet nicht, alles für andere zu regeln. Es bedeutet, dein eigenes Leben so zu führen, dass es Wirkung hat. Authentisch. Transparent. Kraftvoll. Du wirst zur lebendigen Einladung: zu mehr Freiheit, mehr Bewusstsein, mehr Mut.

Denn eines ist klar: Wenn du dich veränderst, veränderst du dein Umfeld. Nicht durch Druck, sondern durch Präsenz. Nicht durch Argumente, sondern durch Ausstrahlung. Nicht durch Theorie, sondern durch gelebte Erfahrung.

Menschen orientieren sich nicht an Worten
– sondern an Haltung.

Du inspirierst – ob du willst oder nicht

Vielleicht denkst du: „Ich bin noch nicht so weit. Ich habe selbst noch viel zu lernen." Und das stimmt. Aber du wirst nie fertig sein. Und genau deshalb ist dein Weg so wertvoll. Denn du bist mittendrin. Greifbar. Echt. Du sprichst aus Erfahrung. Du weißt, wie sich Zweifel anfühlen. Du weißt, wie viel Überwindung es braucht, neue Entscheidungen zu treffen. Und genau das macht dich glaubwürdig.

Viele Menschen brauchen kein weiteres Buch, keinen weiteren Podcast. Sie brauchen jemanden, der es lebt. Jemanden, der ihnen zeigt: Es geht. Es ist möglich. Du kannst dich verändern – und dabei du selbst bleiben.

Du wirst zur Referenz. Zum stillen Leuchtturm. Ohne dass du es willst. Einfach, weil du da bist. Weil du dich traust. Weil du nicht nur konsumierst, sondern integrierst. Nicht lamentierst sondern umsetzt.

Bitcoin als Plattform für Verantwortung

Bitcoin bietet dir mehr als nur eine neue Form von Geld. Es bietet dir eine neue Form von Selbstführung – und dadurch auch die Chance, Führung für andere zu übernehmen. Nicht hierarchisch. Nicht von oben herab. Sondern auf Augenhöhe, nahbar, inspiriert.

Wenn du in einem Gespräch ruhig bleibst, auch wenn dein Gegenüber nur die Haltung des Mainstreams kennt und dies als die einzige Wahrheit ansieht. Wenn du erklärst, warum du langfristig denkst – und nicht aus Panik handelst. Wenn du transparent machst, was du gelernt hast – auch durch Fehler. Dann führst du. Dann lebst du vor. Dann inspirierst du.

Nicht laut. Sondern klar. Nicht perfekt. Sondern menschlich.

Führung durch Integrität – nicht durch Perfektion

In einer Welt voller Meinungsmacher, Content-Produzenten und Finanzgurus wirkt echte Authentizität wie ein Magnet. Menschen sehnen sich nicht nach weiteren Informationen – sondern nach Orientierung. Nach Menschen, die sich selbst kennen. Die stehen bleiben, wenn es stürmt. Die Entscheidungen treffen – auch wenn sie unbequem sind.

Diese Art von Leadership ist nicht glamourös. Aber sie ist kraftvoll. Denn sie zeigt, dass Verantwortung nicht etwas ist, das man „übernimmt" – sondern etwas, das man lebt. Tag für Tag. Still. Echt. Unaufgeregt.

Dein Vorbild ist oft die lautloseste, aber nachhaltigste Form von Einfluss.

Verantwortung tragen heißt, ein Feld zu öffnen

Wenn du dich entwickelst, entsteht Raum. Andere spüren das. Sie fühlen sich eingeladen, selbst zu wachsen.

Und plötzlich merkst du: Du hast gar nichts „gemacht" – du warst einfach du. Aufrichtig. Lernend. Mutig. Und das hat gereicht.

Diese Form von Einfluss ist nachhaltig. Sie basiert nicht auf Überzeugungskraft – sondern auf Schwingung. Auf Vertrauen. Auf dem Mut, sich selbst zu zeigen – und dabei andere zu berühren. So wie wir es tun, nicht laut und marktschreierisch, sondern im Vorleben, Vorangehen und Menschen mitzunehmen auf diesem Weg. Wenn sie dazu bereit sind.

Denn in dem Moment, in dem du Verantwortung für dich übernimmst, übernimmst du auch eine Vorbildrolle für andere. Ob du willst oder nicht. Menschen folgen nicht dem, was du sagst, sondern dem, was du tust.

„Wahre Verbindung beginnt dort, wo
Kontrolle endet.“

Bitcoin ist nicht nur eine technologische Revolution. Es ist eine soziale. Eine, die nicht nur das Verhältnis zu Geld verändert, sondern auch das Verhältnis zu Menschen. Denn wer sich mit Dezentralität beschäftigt, kommt früher oder später zu der Frage: Was bedeutet eigentlich Verbindung – wenn niemand die Macht hat?

In einer Welt, die stark auf Hierarchie, Kontrolle und Abhängigkeit aufgebaut ist, wirkt das Bitcoin-Netzwerk wie ein Gegenentwurf. Es funktioniert ohne zentrale Instanz. Ohne Anführer. Ohne zentrale Schwachstelle. Und doch: Es funktioniert. Stark. Stabil. Lebendig.

Und genau darin liegt eine stille Botschaft: Vielleicht sind wir als Menschen zu mehr in der Lage, als wir glauben – wenn wir einander nicht kontrollieren, sondern vertrauen. Wenn wir nicht von oben führen, sondern auf Augenhöhe kooperieren. Wenn wir nicht abhängen – sondern verbunden sind.

Verbindung ohne Kontrolle – ein radikales Konzept

Die meisten Beziehungen, die wir kennen, sind geprägt von unbewussten Abhängigkeiten: „Ich gebe dir, wenn du mir gibst." „Ich bin für dich da, wenn du mich bestätigst." „Ich höre dir zu, wenn du meine Meinung teilst."

Doch Bitcoin zeigt: Es geht auch anders. Das Netzwerk existiert durch Vertrauen in den Code, nicht in die Person. Es basiert auf gegenseitigem Respekt, nicht auf Macht. Und es ist stabil, weil es dezentral ist – nicht obwohl, sondern gerade deshalb.

Was bedeutet das für dein Leben?

Du beginnst, deine Beziehungen anders zu betrachten. Du fragst dich:

- Wo bin ich noch verstrickt in alten Dynamiken?
- Wo halte ich fest, um mich sicher zu fühlen?
- Wo wünsche ich mir Kontrolle – statt Verbindung?

Und du erkennst: Wahre Nähe entsteht nicht durch Klammern – sondern durch Freiheit. Durch die Bereitschaft, andere sie selbst sein zu lassen.

Die neue Gemeinschaft: auf Augenhöhe, freiwillig, bewusst

Bitcoin-Communities funktionieren anders. Es gibt keine zentrale Führung, keine erzwungene Zugehörigkeit, keine Abhängigkeit von einem Guru. Und doch entstehen weltweit starke Netzwerke. Getragen von einem gemeinsamen Geist.

Von Offenheit. Von gegenseitigem Lernen. Von Vertrauen in das Prinzip – nicht in die Autorität.

Auch du wirst Teil davon – bewusst oder unbewusst. In dem Moment, wo du dein Wissen teilst. Wo du andere inspirierst. Wo du eine Frage stellst, statt eine Meinung durchzusetzen. Du wirst Teil einer Kultur, die nicht auf Kontrolle basiert – sondern auf Kooperation.

Und genau das ist es, was diese Bewegung so stark macht. Nicht der Konsens – sondern die Vielfalt. Nicht das Dogma – sondern die Offenheit. Nicht das Ego – sondern der gemeinsame Weg.

Persönliche Beziehungen neu denken

Wenn du dich mit Bitcoin beschäftigst, verändert sich nicht nur dein Blick auf Systeme – sondern auch dein Blick auf Beziehungen. Du beginnst zu fragen:

- Wo funktioniere ich nur noch?
- Wo halte ich Menschen, weil ich Angst vor dem Alleinsein habe?
- Wo wünsche ich mir Verbindung – aber lebe Kontrolle?

Und vielleicht beginnst du, loszulassen. Nicht, weil dir andere egal sind – sondern weil du ihnen vertraust. Nicht, weil du dich abgrenzen willst – sondern weil du in dir ruhst.

Nicht, weil du keine Nähe willst – sondern weil du gelernt hast, dass Nähe aus Freiheit wächst. Auch dass Beziehungen Online mit X-Kilometer Distanz entstehen und in einer ganz tiefen, dir bis anhin unbekannte Verbundenheit möglich sind.

Dezentrale Beziehungen sind nicht schwächer – sie sind ehrlicher.

Gemeinschaft ohne Dogma – Verbindung durch Resonanz

Du musst dich in der Bitcoin-Welt nicht anpassen. Du musst niemandem gefallen. Du darfst du sein – mit deinen Fragen, deinem Tempo, deiner Geschichte. Und gerade das macht diese Bewegung so besonders: Du darfst auftauchen, wie du bist. Du musst nichts leisten, um dazugehören zu dürfen.

Diese Erfahrung verändert, wie du dich in Gemeinschaft bewegst. Du wirst wählerischer – aber offener. Klarer – aber weicher. Du beginnst, dich nicht mehr zu verbiegen. Und das macht auch Platz für neue Begegnungen. Echte. Freie. Starke.

Denn vielleicht ist das die wahre Vision hinter Bitcoin: nicht nur ein neues Geld – sondern ein neues Miteinander.

„Es sind nicht unsere Fähigkeiten, die zeigen, wer wir sind – sondern unsere Entscheidungen." *– Joanne K. Rowling*

In einer Welt, die immer schneller, lauter und oberflächlicher wird, verlieren viele Menschen den Kontakt zu dem, was ihnen wirklich wichtig ist. Sie jagen Trends, optimieren To-do-Listen, hetzen von Projekt zu Projekt – aber oft auf einem Fundament, das längst brüchig geworden ist: fehlende Werte. Orientierung. Klarheit.

Bitcoin ist in dieser Hinsicht ein Anker. Kein moralischer Zeigefinger. Keine Ideologie. Sondern ein Angebot. Ein Angebot, wieder zu fragen: Was ist mir wirklich etwas wert? Was zählt für mich – nicht nur heute, sondern in zehn, zwanzig Jahren? Was ist stabil – auch wenn alles schwankt?

Deine Werte prägen deine Entscheidungen – bewusst oder unbewusst

Jede Entscheidung, die du triffst – ob im Beruf, im Umgang mit Geld, in Beziehungen – ist Ausdruck deiner Werte. Auch dann, wenn du sie nicht klar benennst. Wenn du nur auf kurzfristige Gewinne schaust, zeigt das, dass dir Sicherheit oder Status wichtiger sind als Nachhaltigkeit oder Sinn.

Wenn du oft nach außen lebst, spiegelt das den Wert, den du der Meinung anderer beimisst.

Bitcoin bringt dich unweigerlich mit dieser Dynamik in Berührung. Denn es belohnt langfristiges Denken. Geduld. Selbstverantwortung. Klarheit. Und es bestraft – manchmal schmerzhaft – impulsive Gier, Herdentrieb, blinden Gehorsam.

Du lernst: Was ich tue, sagt mehr über mich aus als das, was ich sage. Und plötzlich wirst du aufmerksam. Auf deine Muster. Auf deine Beweggründe. Auf deinen inneren Kompass.

Reale Werte statt oberflächlicher Gewinne

Bitcoin lädt dich ein, Substanz über Show zu stellen. Integrität über kurzfristigen Gewinn. Tiefe über Geschwindigkeit. Es funktioniert nicht als „schnell-reich-werden"-Maschine – sondern als Spiegel deiner inneren Haltung.

Diese Haltung beginnt oft mit schmerzhaften Momenten: einem Fehlkauf. Einem Rücksetzer. Einem Fehler, der dich Demut lehrt. Aber genau dort beginnt auch der Wandel: Wenn du erkennst, dass echtes Wachstum aus echten Werten kommt. Aus Ehrlichkeit. Aus Weitsicht. Aus Verantwortung.

Dein Portfolio kann steigen – aber was bringt es dir, wenn du dabei dich selbst verlierst?

Bitcoin als Werte-Schule – geprägt durch das kostbarste Gut der Welt

Bitcoin ist limitiert. Absolut limitiert. Nur 21 Millionen wird es jemals geben. Diese radikale Knappheit verändert dein Denken. Plötzlich begreifst du: Wert entsteht durch Begrenzung. Durch Qualität. Durch Verlässlichkeit. Und mit diesem Verständnis verändert sich auch dein Blick auf dein eigenes Leben.

Du beginnst zu fragen:

- Was ist in meinem Leben wirklich knapp – und daher wertvoll?
- Womit gehe ich achtlos um, obwohl es eigentlich kostbar ist?
- Welche meiner Lebensentscheidungen beruhen auf echten Werten – und welche auf Ablenkung?

Bitcoin bringt dich nicht nur dazu, über Geld nachzudenken. Es bringt dich dazu, über Zeit, Energie, Aufmerksamkeit, Wahrheit und Integrität nachzudenken. Du beginnst, das Wertvollste in deinem Leben zu schützen. Nicht mit Angst – sondern mit Bewusstsein.

Die Werte, die durch Bitcoin in dein Leben treten, sind nicht neu – aber sie waren oft verschüttet:

- Ehrlichkeit – zu dir selbst und zu anderen.
- Verlässlichkeit – deine Entscheidungen tragen.

- Transparenz – keine faulen Kompromisse.
- Klarheit – über dein Ziel und deinen Weg.
- Verantwortung – du stehst für dein Leben ein.

Diese Werte sind nicht laut. Sie sind nicht spektakulär. Aber sie sind die Basis für ein tief erfülltes Leben.

Was bleibt, wenn du alles andere loslässt?

Ein wertebasiertes Leben ist kein Konzept. Es ist ein inneres Ausrichten. Ein stilles, aber kraftvolles Sortieren. Du beginnst, dich selbst ernst zu nehmen – nicht nur, wenn andere hinschauen, sondern immer. Du lebst aus deiner Mitte – und wirst dadurch klarer, mutiger, konsequenter.

Und vielleicht merkst du: Es fühlt sich richtig an. Nicht weil es immer leicht ist. Sondern weil es dir entspricht. Weil es dich stärkt. Weil du dir selbst treu bleibst – auch wenn der Markt schwankt, auch wenn Meinungen wechseln, auch wenn Trends vergehen.

Denn du weißt: Kurzfristiger Gewinn kann berauschen. Aber gelebte Werte tragen dich ein Leben lang.

Und vielleicht – ganz vielleicht – beginnt genau hier der wahre Reichtum.

> „Gib mir die Gelassenheit, Dinge hinzuneh-
> men, die ich nicht ändern kann – den Mut,
> Dinge zu ändern, die ich ändern kann – und
> die Weisheit, das eine vom anderen zu un-
> terscheiden." *– Reinhold Niebuhr*

Wer sich mit Bitcoin beschäftigt, begegnet schnell einer har-
ten Realität: Du kannst nicht alles kontrollieren. Du kannst
weder den Kurs beeinflussen noch die Meinung anderer. Du
kannst nicht steuern, wann der nächste Bullenmarkt kommt.
Und du kannst nicht erzwingen, dass alle um dich herum
verstehen, warum du diesen Weg gewählt hast.
Und das ist auch gut so.

Was du aber kannst: lernen, loszulassen. Vertrauen zu
entwickeln. Die Dinge zu akzeptieren, die außerhalb deiner
Macht liegen – und gleichzeitig ganz bewusst Verantwortung
zu übernehmen für das, was du sehr wohl gestalten kannst:
deine Haltung, deine Entscheidungen, deine Reaktion.

Die Märkte – ein Tanz mit der Unsicherheit

Bitcoin ist volatil. Diese Schwankungen können Euphorie aus-
lösen – und Angst. Besonders am Anfang fühlt es sich an wie
ein emotionales Auf und Ab. Doch mit der Zeit lernst du, diese
Schwankungen nicht mehr persönlich zu nehmen.

Du erkennst: Das ist Teil des Spiels. Teil des Systems. Teil des Lebens.

Je mehr du loslässt, das kontrollieren zu wollen, desto freier wirst du. Du beginnst, in Zyklen zu denken. Du erkennst Muster. Du entwickelst Ruhe. Du wirst nicht gleichgültig – aber du wirst gelassener. Und genau darin liegt eine neue Stärke.

Wer nicht versucht, das Unkontrollierbare
zu kontrollieren, wird innerlich frei.

Menschen loslassen – ohne dich zu entfernen

Vielleicht hast du das Bedürfnis, andere zu überzeugen. Deine Familie, deine Freundinnen, Kolleginnen. Du willst sie schützen. Sie vorbereiten. Sie aufwecken. Und das ist verständlich – denn du hast etwas entdeckt, das dich tief bewegt.

Doch auch hier gilt: Du kannst nicht kontrollieren, wann und ob andere bereit sind. Du kannst nur vorleben. Einladen. Teilen. Aber nicht erzwingen. Und je mehr du das verstehst, desto weniger Druck entsteht. Für dich – und für sie.

Loslassen bedeutet nicht Gleichgültigkeit. Es bedeutet: Ich vertraue dir deinen Weg an – so wie ich meinen gehe.

In Liebe. In Klarheit. In Respekt.

Kontrolle als Illusion – Freiheit als Entscheidung

Viele unserer Ängste stammen aus dem Versuch, das Leben kontrollieren zu wollen. Wir wollen sichere Zukunftsprognosen, klare Wege, garantierte Ergebnisse. Doch das Leben funktioniert nicht so – und Bitcoin erinnert dich daran.

Es zeigt dir: Sicherheit ist eine Illusion. Aber Freiheit ist real – wenn du bereit bist, Verantwortung zu übernehmen. Nicht für das Ergebnis. Sondern für deinen Weg dorthin. Für deine innere Haltung. Für deinen Umgang mit Ungewissheit.

Du bist nicht hier, um alles zu kontrollieren. Du bist hier, um bewusst zu wählen, wer du inmitten des Unkontrollierbaren sein willst.

Gelassenheit ist kein Rückzug – sondern eine innere Meisterschaft

Loslassen ist kein Aufgeben. Es ist ein bewusster Akt. Eine innere Haltung. Du bleibst wach – aber du klammerst nicht. Du bleibst engagiert – aber du kämpfst nicht gegen das, was du nicht beeinflussen kannst.

Diese Gelassenheit verändert dich. Sie macht dich weicher – aber klarer. Ruhiger – aber nicht passiv. Du wirst zur ruhigen Mitte in einem bewegten System.

Und das überträgt sich auf andere. Auf deine Entscheidungen. Auf dein Umfeld. Auf dein ganzes Leben.

Denn vielleicht liegt die wahre Meisterschaft nicht darin, alles im Griff zu haben – sondern im Vertrauen, loslassen zu können.

*Kapitel 21: Bitcoin als Spiegel deiner inneren Reise – Der
Anfang von etwas Größerem*

„Am Ende der Reise wirst du nicht die Welt
neu entdeckt haben – sondern dich selbst."

Vielleicht hast du gedacht, du lernst etwas über Geld. Über
Technik. Über Märkte. Vielleicht hast du einfach nur wissen
wollen, wie du dich finanziell besser aufstellen kannst. Doch
heute – nach dieser Reise, nach all den Kapiteln, nach all den
inneren Prozessen – weißt du: Bitcoin hat dich zu dir selbst zu-
rückgeführt.

Es war nie nur ein digitales Asset. Es war ein Spiegel. Ein Katalysator. Eine Einladung. Und vielleicht das erste System, das
dir nicht sagt, wie du zu sein hast – sondern dich auffordert,
selbst zu entscheiden, wer du sein willst. Ein dezentrales System, das keine Erlaubnis braucht – und das dich genau darin
erinnert, dass auch dein Leben keine Erlaubnis braucht, echt
zu sein.

Du hast dich verändert – radikal, leise, tief

Du bist nicht mehr dieselbe. Nicht weil du jetzt Bitcoin besitzt
– sondern weil du begonnen hast, dich selbst zu besitzen.

Deine Entscheidungen. Deine Haltung. Deine Zeit. Dein Denken.

Du bist bewusster geworden. Aufmerksamer. Klarer. Nicht perfekt – aber präsenter. Nicht allwissend – aber tiefer verwurzelt. Du hast gelernt, Verantwortung zu übernehmen. Du hast gelernt, loszulassen. Du hast gelernt, mutig zu sein. Und all das – weil du dich mit etwas beschäftigt hast, das scheinbar „nur" Geld war.

Du hast dein Verhältnis zu Macht hinterfragt. Zu Kontrolle. Zu Vertrauen. Du hast gesehen, wie viel du auf andere projiziert hast – und wie kraftvoll es ist, dich selbst wieder in den Mittelpunkt zu stellen. Nicht im Sinne des Egos – sondern im Sinne deiner Würde.

Du hast gelernt, mit Unsicherheit zu leben – nicht als Bedrohung, sondern als Spielfeld. Du hast die Bedeutung von Zeit neu verstanden. Die Tiefe deiner Werte erkannt. Die Weite deiner Möglichkeiten gespürt.

Bitcoin war dein Spiegel. Und in diesem
Spiegel hast du dich gesehen –
echt, roh, wach.

Willkommen in der neuen Welt

Du stehst jetzt an einem anderen Punkt. Und dieser Punkt ist nicht das Ende – sondern ein Anfang. Der Anfang eines neuen

Lebens. Eines neuen Bewusstseins. Eines Weges, der nicht mehr rückwärts führt, sondern voran.

Du hast gelernt, Systeme zu hinterfragen. Deine Werte zu definieren. Deine Stimme zu finden. Und du beginnst, deinen Platz einzunehmen – nicht als Mitläuferin, sondern als Gestalterin. Als bewusster Mensch in einer Zeit des Umbruchs. Als jemand, der nicht nur träumt – sondern handelt.

Diese neue Welt ist nicht perfekt. Sie wird dich weiter fordern. Aber du bist vorbereitet. Weil du innerlich gewachsen bist. Weil du gelernt hast, dich nicht von außen definieren zu lassen. Weil du deinen inneren Kompass neu kalibriert hast.

Du wirst weiter zweifeln – und doch nicht mehr zerbrechen. Du wirst herausgefordert – und dennoch in dir ruhen. Du wirst neue Wege gehen – nicht, weil du musst, sondern weil du willst.

Die Reise geht weiter – aber anders

Du brauchst keine fertigen Antworten mehr. Du brauchst keine Zustimmung. Du brauchst keine äußere Sicherheit. Du trägst etwas in dir, das nicht mehr verhandelbar ist: dich selbst.

Und damit kannst du alles neu gestalten:

- Deine Beziehung zu Geld.
- Deine Vorstellung von Freiheit.
- Deine Rolle in der Gesellschaft.
- Deinen Beitrag für andere.

Du wirst nicht missionieren – aber du wirst inspirieren. Nicht durch Worte, sondern durch dein Sein.
Nicht durch Perfektion, sondern durch Präsenz. Du wirst Menschen berühren – einfach, weil du bei dir bist.

Bitcoin hat dich auf diesen Weg gebracht. Aber der Weg selbst gehört dir. Und du wirst ihn gehen – mit offenen Augen, mit klarem Herzen, mit ruhiger Entschlossenheit.

Du bist nicht mehr dieselbe. Und genau deshalb bist du jetzt bereit für alles, was kommt.

Willkommen in der neuen Welt. Du trägst sie bereits in dir.
Und sie beginnt genau dort, wo du dich selbst erkennst – als
die, die du bist. Und als die, die du auf dieser Reise wirst.

Study Bitcoin and thank us later ✨🧡

Herzlich
Jasmin & Sarah

Persönlicher Erfahrungsbericht einer Kundin

„Ich hätte nie gedacht, dass mich ein Thema wie Bitcoin so
aufwühlen würde – innerlich. Ihr sagt immer, dass der Kurs
auch etwas mit einem selbst macht. Ich kann das jetzt nur be-
stätigen: Es trifft. Es fordert. Es zeigt mir Seiten an mir, die ich
lange ignoriert habe.

Finanzen? Technik? Das waren lange Themen, die ich lieber
anderen überlassen habe. Bequemlichkeit, vielleicht auch Unsicherheit. Und plötzlich stehe ich da – allein mit einem nicht
funktionierenden Drucker, einer neuen App, einem Thema,
das größer ist, als ich dachte. Und doch: Ich wachse daran.

Da ist Überforderung, ja. Manchmal Frust, Selbstkritik. Aber
auch Stolz. Und vor allem: der Wunsch, dranzubleiben. Schritt
für Schritt. Ich habe mir erlaubt, langsamer zu sein – aber
nicht stehenzubleiben.

Ich spüre: Es geht nicht nur ums Geld. Es geht um mich. Um
meine Verantwortung. Um meine Freiheit. Ich bin dankbar,
dass ich diesen Raum gefunden habe, in dem ich lernen darf,
ohne perfekt sein zu müssen. Und ich bin gespannt, wie weit
ich mit mir selbst noch komme – nicht nur auf dem Chart,
sondern auf meinem eigenen Weg.“